SONHOS PRIVADOS
PSICANÁLISE E ESCUTA CONTEMPORÂNEA

SONHOS PRIVADOS
PSICANÁLISE E ESCUTA CONTEMPORÂNEA

Silvana Martani (org)

HUMANALetra

Este livro é dedicado a todos que se inquietam com suas questões e as questões do mundo. Para aqueles que cansaram de sofrer calados e para os que ainda acreditam que este mundo pode ser um lugar confortável.

Agradecemos a todos que ao longo de nossa trajetória contribuíram para que este projeto fosse realizado.

SUMÁRIO

Apresentação 9

As grandes mudanças nascem de um ontem enganado...
SILVANA MARTANI 15
O escravo do cinemão
SÉRGIO MÁSCOLI 39
Sobre o fracasso do sintoma fóbico
ARNALDO DOMÍNGUEZ DE OLIVEIRA 57
Entre farturas e securas. O trânsito abismal dos transtornos
alimentares
SILVIA MARINA MENDONÇA PRADO DE MELO 73
A verdade
HERCÍLIO P. OLIVEIRA JUNIOR 91
A paciente bem acolhida e sua pulsão de vida
CARINA BRAGA 109
O primeiro encontro com a análise
EDUARDO AMARAL LYRA 127
A arquitetura de uma tragédia
VICTOR AUGUSTO BAUER 141
A invisibilidade e visibilidade de Verônica
TADEU DOS SANTOS 155

Referências bibliográficas 169
Autores e autoras 175

Apresentação

> "E assim, baqueio do desejo ao gozo,
> e no gozo arfo, a ansiar pelo desejo."
> J. W. Goethe, *Fausto*

Apresentar um livro com relatos de casos de consultório na psicanálise é bem interessante. Cada caso, cada recorte nos remete ao nosso mais profundo espelhamento no relato. Temos e sempre teremos situações espiraladas, nem sempre de fácil acesso, e também dúbias quanto à sua interpretação, manejo e possível desfecho. Sempre, sempre uma caixa, um cubo que se apresenta à nossa frente necessitando ser aberta, desvendada por mãos hábeis. O que se pode esperar daquilo que não é para ser resolvido, elucidado? Apresentamos muitos e nomeados sintomas, que diversas vezes se mascaram e nos colocam em dúvida quanto ao diagnóstico e mesmo quanto à sua existência. Em cada um dos nove capítulos deste livro, vamos nos deparar com situações de sofrimento em que a transferência é o fio condutor na resolução da angústia, ou no seu aplacamento.

No primeiro capítulo, Silvana Martani levanta questões importantes como a dificuldade de se procurar análise, o casamento como dispositivo para o autoconhecimento, os buracos afetivos que carregamos, idealização de segurança. Quando estaremos e seremos seguros? E também um ponto bastante relevante sobre as convivências tóxicas. Cada questão levantada é uma possível tentativa para que se pense, se desvende o que nos angustia.

Entramos no capítulo dois com Sérgio Mascoli nos levando a pensar sobre como atos sexuais, inclusive os praticados pelos pais, são vistos pelas crianças, como controlamos ou não nossos desejos que cismam em explodir a cada dia. Discute de uma forma única como podemos nos tornar escravos desse desejo, inclusive dando à traição uma conotação de troca: se sou traído pagarei também com a mesma moeda. E agora? Aborda também um tópico que me parece bastante pertinente que é a relação dos outros com rótulos. Aqui no caso do relato, rótulo de homossexual. Somos seres desejantes e onde o desejo está espreita um narcisismo pronto a se instaurar. Poderemos ou deveremos ser viciados em amor?

Quando chegamos ao capítulo três, Arnaldo Domínguez de Oliveira já nos coloca numa equação: somos sujeitos do desejo e temos um saber incompleto. Sempre queremos mais. Em nosso percurso temos de lidar com nossa fobia ao desamparo. O afeto transferencial que se instaura é uma experiência amorosa. Teremos que levantar uma questão importante que é o rigor ético do analista. Rigor que deverá estar presente o tempo todo enquanto durar a análise. Alguns acontecimentos no corpo denunciam qual direção tomar. O autor também aproxima e coloca em discussão o niilismo e a melancolia. Há que se dizer que o ser melancólico também goza. E por fim, o autor questiona os diferentes tipos de escuta e tratamento existentes.

No capítulo quatro, Silvia Marina Mendonça Prado de Melo nos coloca frente a um termo bastante relevante nos dias de hoje: transbordamento. Vivemos transbordando. E pensar nisso? Chegamos a uma questão boa no relato: tenho culpa para ser desculpada? E na barganha da vida falo com todas as letras troca/troca: se não me dão amor não quero sua comida. Comida de quem? Cena que inscreve é a da recusa da fala-vomitar palavras. Vamos nos atentar para a descrição do alívio que as pessoas sentem quando veem seu sangue escorrendo do corte feito pela gilete. O que queremos sangrar ou matar? Ao mesmo tempo também se corta o cabelo, diferente do corte feito pela gilete. Para que tanto corte? A discussão: existe uma diferença entre o importar e o preocupar. A pessoa sabe disso. Uma fala que aparece é que nas competições tem que se estar ao lado de quem brilha mais. E finalmente nos coloca a relação estética existente com o corpo nos transtornos alimentares.

O tema alimentar juntamente com uma certa religiosidade é tratado no capítulo cinco por Hercílio P. Oliveira Junior. A questão de um jejum vivenciado e compartilhado é posta numa tentativa de virtuosidade por parte do sujeito. Uma pergunta fica: como, enquanto analista, controlar a ansiedade frente a um novo atendimento? Temos uma menção importante em relação à ideia delirante. Como se dá, quais dispositivos utiliza? Nos vemos no papel de nos solidarizarmos com o paciente. Será impossível, não? E objetivamente como falamos até se esgotar o tema da dificuldade de encarar o problema? São questões poeticamente vinculadas ao nosso corpo que exige escuta.

No capítulo seis, Carina Braga nos transfere para um lugar onde podemos pensar na depressão. Um trabalho voluntário na igreja pode ser, por exemplo, uma possível saída? Levanta também como pensamos nosso desejo, dito proibido, que frequentemente se liga à sujeira. Qual é a participação do real no sofrimento humano? Pergunta mais que difícil. Como o abandono materno nos paralisa? Como será o não pertencer: hóspede não bem-vindo na família. Como se daria nosso adoecimento? De dentro para fora ou de fora para dentro? E por fim uma pergunta que sempre cabe em relação aos papéis do analista e do analisando: o que estou fazendo aqui?

Eduardo Amaral Lyra no capítulo sete nos apresenta uma questão bastante pertinente que é a proposta de trocarmos de sofrimento. Como será isso? Inclusive com dispositivo que é um olhar menos idealizado de ver o mundo porque nós, analistas, dispomos de alguns recursos que adquirimos para ajudar o outro, tudo isso sem deixar de levar em conta que a natureza da análise é enigmática.

No capítulo oito, Victor Augusto Bauer nos oferece um acontecimento muito presente nos dias de hoje, que é o transtorno de personalidade antissocial, que pode até se voltar contra o analista. Leremos no relato sobre fantasia, com atenção à clínica da psicose e entraremos na questão do falo/castração/outro. Debruçaremos de uma forma mais didática na diferença entre a transferência do neurótico e do psicótico sempre entendendo que a escuta é primordial. Ouviremos menção sobre déficits importantes na constituição inicial do eu. E então redobraremos a atenção com as confusões de linguagem: psicótica, neurótica.

E por fim, no capítulo nove, Tadeu dos Santos levanta novamente a questão de uma possível falha severa no processo de desenvolvimento emocional primitivo. Num recorte emblemático do caso se fala do "castigo do banheirinho", sendo motivo de deboche por parte da mãe. Como assim, deboche? Pensaremos no eterno dizer sobre o corpo por parte do paciente e seu possível abandono sendo sentido no corpo do analista. Teremos esclarecimentos sobre essas dúvidas de pertencimento. E o desfecho do caso não poderia ser melhor com a seguinte afirmação: o paciente sempre está tentando ir a algum lugar através do analista.

A questão que fica depois deste trabalho é: esgotaremos a questão? E a resposta já vem pronta. Não. Voltaremos em breve com mais questões, mais trabalhos e mais publicações. Por enquanto o que fica é esse gozo do realizado e uma fantasia de um novo trabalho. Cada autor/analista pensou diuturnamente sobre o processo deste livro. E o recordar cada caso é um reviver. Às vezes doloroso, às vezes com sinais de dever cumprido. Pensar sobre o caso, sobre os papéis de cada um e, finalmente, sobre a vida, tem a sua importância. Registrar essa importância foi o nosso objetivo.

José Carlos Honório

As grandes mudanças nascem de um ontem enganado...

Silvana Martani

"Quando a dor de não estar vivendo for maior
que o medo da mudança, a pessoa muda."
Sigmund Freud

Quando me formei em dezembro de 1982 em psicologia, sabia que queria fazer clínica. Em janeiro do ano seguinte, aluguei uma sala numa clínica que me indicaram e passava as tardes estudando, à espera de uma indicação de paciente.

A indicação aconteceu meses depois e eu nunca mais parei de atender. Em 1986 fui trabalhar na Clínica de Endocrinologia e Metabologia de um grande hospital, como psicóloga clínica e hospitalar, o que era uma novidade na época, mas nunca deixei de atender no consultório.

O consultório é um mundo à parte, um lugar diferente do mundo lá fora, com regras ancoradas no respeito, na privacidade, no sigilo e na empatia de ambos: paciente e analista. Sim, é preciso, por parte do paciente, que ele sinta que, de alguma forma, aquele humano que está à sua frente entendeu o que ele está dizendo e sentindo e, por sua vez, o analista precisa achar que há uma chance de ajudá-lo. É uma aposta.

A ideia deste livro anda comigo há muito tempo. Falar de nossos sofrimentos e formatos é no mínimo necessário em tempos tão difíceis quanto os nossos.

Quando comecei a pensar em meus pacientes, para que pudesse escrever este capítulo, senti um vazio na minha cabeça que me apavorou. Não sabia quem escolher e nem se teria condições de escrever de uma forma honrada e real algo que fosse ao encontro das pessoas lá fora e as levasse a pensar sobre elas.

Escrever um caso clínico não é fácil, pois além de nos expor como profissionais, expõe nossos pacientes. Há de se estar pronto para isso e eu não sabia se estava até começar a escrever.

Depois de muita angústia encontrei um caminho que me pareceu estar de acordo com o que eu queria e o passo seguinte era convidar a paciente para andarmos juntas. Eu queria que ela aceitasse e participasse, ela tinha liberdade para dizer de si, escrever o que pensava e sentia, da maneira que quisesse.

Não é comum, na Academia, que pacientes participem de relatos sobre eles por diversas razões, mas aqui podia ser diferente.

Quando fiz o convite para a paciente, disse a ela que poderia ler cada palavra que eu escrevesse. Quando mencionei que ela poderia acrescentar o que sentia ao relato percebi que tudo fez sentido e a resposta foi sim.

O convite era duplo, mãe e filha envolvidas, mas o que aconteceu com elas podia acontecer com qualquer um e era isso que me fascinava para escrever o caso. Vamos a ele:

Aprender com o que não está bom
Ana
Em agosto de 2016, durante seu atendimento, Ana mencionou que estava muito preocupada com sua filha, que estava passando por um momento muito difícil, não gostava mais da profissão que exercia, estava deprimida e triste.

Conversamos durante essa sessão como a situação de Victoria, filha de Ana, incidia sobre a vida dela. Ana relatou que se sentia impotente com tudo que estava acontecendo e assustada com a possível mudança de profissão da filha, afinal, ela tinha um bom cargo e seu apartamento. Se a mudança ocorresse, tudo iria mudar.

Ponderamos, neste momento, sobre os medos de Ana de grandes mudanças, o quanto isso a deixava assustada e insegura e como ela tinha medo da filha não "dar certo" e sofrer. Para Ana, Victoria sempre foi uma menina diferente, fora do padrão que ela achava seguro: não era casada, morava sozinha e agora queria mudar tudo nessa altura da vida, com quase quarenta anos.

Ana era casada há muitos anos, tinha três filhos adultos e estavam ela e o marido aposentados. Com uma vida confortável e organizada, Ana havia procurado a análise por causa do peso que estava muito acima do normal e dificultava tanto a sua mobilidade quanto comprometia sua vaidade.

Ana também tinha medo de não conseguir mais andar, não apenas pelo peso excessivo, mas por conta das próteses de joelho das quais desfrutava. O peso excessivo era um risco constante e sua redução, urgente.

No meu entender, quando o paciente chega à análise com a demanda de perda de peso é porque já tentou de tudo e seu médico já fez essa recomendação algumas vezes. É muito difícil procurar análise, eu reconheço. Tanto pelo desconhecimento em relação ao trabalho que se estabelece, quanto por toda fantasia e preconceito que existe em torno de se procurar esse tipo de ajuda: que você falhou, que não sabe se organizar, que é fraco e assim por diante.

Estar fora de padrão já é um grande problema, mas as pessoas nos procuram porque estão adoecendo e seu corpo já apresenta uma série de comorbidades importantes. Até esse momento, relatam que a luta contra o peso era mais estética e nunca consideraram a obesidade uma doença de alto custo.

Ana relatava que sabia que estava pesada, mas não conseguia seguir nenhuma dieta por muito tempo. Desistia, cansava, esquecia que estava de dieta no final de semana e ganhava todo o peso perdido durante a semana e, segundo relatava, não sentia apoio do esposo.

Este é um problema atual, a oferta de alimentos é enorme e bem variada, mas por que escolhemos comer tanto?

Parece-me que a resposta não passa pela ignorância, pela condição financeira nem mesmo pela ausência de conhecimento do que se deve ou não comer e quanto, mas por questões afetivas e emocionais específicas. Ninguém engorda porque quer ser diferente dos demais ou porque não tem vergonha na cara e adora se empanturrar de comida. As coisas ficam assim, saem do controle e quando a pessoa se dá conta não se reconhece mais no espelho.

Vejo a obesidade como um grande casaco de pele que protege, insensibiliza e acalma quem dele desfruta. Nossos medos e inseguranças ficam bem guardados de nós mesmos sob esse casaco. Não precisamos olhar para eles e nem nos incomodar com eles, podemos ignorá-los. É uma forma de lidar com nossas questões. É claro que há outras maneiras, mas essa é bem eficaz.

Para Ana, o excesso de peso se consolidou depois que teve os filhos e se intensificou quando eles cresceram e ela se aposentou. Para muitas pessoas, a aposentadoria da maternagem e da carreira profissional criam um buraco difícil de preencher, criando uma despersonificação devastadora.

Outras questões também nos engordam: a solidão, o medo de não ser querido e aceito, não ter amigos, ser infeliz no trabalho, se sentir pouco amado pela família, sentir-se pouco atraente sexualmente, ter vergonha da própria sexualidade, entre tantos outros.

No consultório, ouvi várias vezes desses pacientes o quanto era difícil dizer não para a comida e fácil para a maioria dos outros desejos; e a questão do sofrimento era justamente os outros desejos. Os desejos vistos como impossíveis, nossos demônios e fantasmas nos engordam ou nos desnutrem.

No caso de Ana, o interessante é que sempre estive diante de uma mulher vaidosa, que gostava de se arrumar. Deformar o corpo com um monte de comida atendia a desejos incompatíveis com os últimos anos de sua vida.

Estas questões eram trabalhadas na análise, com o propósito de Ana dar conta de seus problemas e resolvê-los por ela, sem responsabilizar ninguém. Naquele momento, a paciente começou a entender como seus desejos e necessidades eram demandas pessoais e se o apoio dos parentes não era sentido, ela teria que se haver com isso.

Há convivências que são tóxicas, desestimulantes, desorganizantes e a análise tem a função de entender por que precisamos delas. Não há um motivo universal para o sofrimento autoimposto, mas relacionamentos frustrantes servem a alguma coisa ou alguém.

Ana vinha de uma família tradicional do interior de São Paulo e apesar de o relacionamento com o esposo ser muito difícil e angustiante muitas vezes, o casamento ainda lhe servia. O casamento era um contorno, não apenas um estado civil, mas um troféu a ser exposto, uma condição que também a definia. Sem ele, Ana não se reconhecia.

Essas questões eram trabalhadas no sentido de resgatar uma individuação perdida no meio de sua vida, que depois entendemos que nunca foi construída. Ana era o que queriam que ela fosse: boa filha, boa irmã, uma esposa exemplar e uma mãe amorosa. Não que essas qualidades fossem um problema, muito pelo contrário, mas Ana também tinha essas qualidades. Sabemos que ser tudo isso exige esforço e dedicação, mas ela também tinha necessidades a serem atendidas e esse era o problema.

Suas necessidades ficavam à deriva, enquanto ela exercia seus papéis. Sentia falta do carinho do esposo, do companheirismo que ele não lhe oferecia e da atenção dos filhos.

Entendemos que Ana não sabia pedir por suas necessidades, não sabia falar disso. Achava que sua família deveria atender suas demandas afetivas espontaneamente, era como se fosse errado pedir atenção e afeto, sentia como se não houvesse troca por tudo que ela fazia.

Sentia-se explorada, desprestigiada e comer e comprar preenchiam seus buracos afetivos. As compulsões nascem nos buracos. Havia um ganho secundário desfrutado por sua conduta superpoderosa, de sempre estar disponível para todos e não reclamar suas necessidades, ser uma figura importante para a família.

Comprar também era um problema, não sabia falar não às vendedoras que a tratavam como uma rainha. Frequentava as mesmas lojas há anos e sentia-se querida pelas proprietárias e comprava mesmo sem precisar, por pura gratidão de afeto às amigas e para vestir um corpo que não gostava.

O que Ana precisava era ter voz. Precisava aprender a dizer não para que seu sim tivesse valor. Um não de limite, de valor, de respeito, de preservação. Mas para que ele fosse possível, era preciso reconhecer-se.

O que somos é construído desde a infância, por nossos pais, reiterado por todos que nos cercam e validado por nossas conquistas. Assim, começamos a entender que sua postura de supermulher escondia uma menina que tinha uma fantasia de desprestígio parental que alimentava seu descrédito. Ana entendeu que agia dessa forma para se manter importante para as pessoas e assim tê-las por perto.

Os pais já haviam falecido e sua irmã era profissionalmente muito bem-sucedida e separada há anos do marido. Apesar de não se achar valorizada por seus pais ,– achava que eles preferiam sua irmã –, ela ainda estava casada e seus filhos não tinham dado muitos problemas, pelo menos até ali.

Não eram sessões fáceis de serem vividas, seu sofrimento após o término de alguns de nossos encontros era visível, mas a análise não oferece a promessa de ser agradável, suave, e sim de cumprir o combinado e ajudá-la.

Num determinado momento, muitas dessas questões começaram a assumir uma proporção diferente. Ana se sentia mais fortalecida e comer e comprar, em alguns momentos, perdiam a função de sintoma.

Era chegada a hora de acelerar o processo e Ana pensou muitas vezes em fazer uma cirurgia bariátrica, mas o nosso trabalho era exatamente para que ela não se valesse dessa opção.

Vale aqui um esclarecimento. Trabalho numa clínica de endocrinologia há 34 anos com transtorno alimentar e diabetes, como já mencionei, e sou contra cirurgia bariátrica, salvo quando o indivíduo corre o risco de falecer por conta das comorbidades resultantes do alto peso.

Eu e Ana havíamos conversado várias vezes sobre essa opção e com o tempo ela entendeu que se submeter à cirurgia rompia com seus recursos emocionais para dar conta do seu peso, que a meu ver era apenas um sintoma de sua condição emocional. Do que valia limitar sua ingestão de alimento se o motivo pelo qual ela comia se mantivesse intacto: ela iria engordar após um tempo de cirurgia e essa derrota poderia, provavelmente, ser sentida como um atestado de incompetência.

Ana tinha pressa, então surgiu a alternativa do balão intragástrico como ajuda, e assim foi feito.

Entendi que naquele momento esse estímulo era o que a paciente precisava. Um acelerador que proporcionaria um tempo para que ela treinasse uma condição alimentar diferente.

Pacientes com peso elevado têm muitas fantasias com relação a dietas: que vão ficar fracos se comerem muito menos, que não vão dormir ou conseguir trabalhar de fome, que vão avançar na comida como loucos depois de um tempo de dieta, que é fácil para os outros e nunca pra eles dentre outras.

Como de costume, o balão intragástrico pode ficar até seis meses instalado no paciente e, após esse tempo, é retirado. Alguns pacientes passam muito mal, enjoam no começo e sentem algum tipo de desconforto, e com Ana foi assim.

Ela emagreceu muito com o balão, pois não conseguia se alimentar direito às vezes. A nutricionista que lhe auxiliou neste processo a ajudou muito e mesmo passando mal Ana estava satisfeita, claro.

Em um determinado momento, ela começou a achar que todos os seus problemas estavam resolvidos e que sua análise estava no final. Não era bem assim. Ponderamos que enquanto ela tivesse a ajuda do balão, não podíamos saber se os recursos que havíamos construídos até ali eram suficientes para mantê-la sem suas muletas comer e comprar, rumo ao respeito às suas necessidades e desejos.

Muitas vezes durante esses seis meses de dieta diferenciada, Ana voltou a falar de sua filha e do quanto estava preocupada. Nesta altura sua filha tinha decidido mesmo largar a profissão que a servia até o momento e tentar algo novo.

Assim, Victoria, para reduzir despesas, deixou seu apartamento alugado e se mudou para a casa da mãe. Para Ana foi muito bom e, ao mesmo tempo, apavorante estar com a filha novamente, pois Victoria estava muito sofrida e insegura com tudo que se determinou a fazer.

Muitos foram os momentos em que Ana sugeriu que eu poderia ajudar Victoria, mas eu não podia atender as duas. Em análise isso não é possível, pois é muito difícil para o paciente não duvidar da neutralidade do terapeuta e para o tèrapeuta é um esforço enorme.

Comecei a achar que Ana, com sua melhora referida, estava se despedindo da análise para colocar sua filha em seu lugar e disse isso a ela. Apesar de ela negar, foi o que aconteceu.

Ana retirou o balão intragástrico sete meses depois da colocação e dizia que estava ótima e que poderia caminhar sozinha. Ponderei, várias vezes, que ela nos desse a chance de seguir por um tempo ainda, para que todo aquele esforço de sete meses fosse validado.

Além disso, parecia que Ana tinha, por não se achar muito competente e eficaz, uma tendência de colocar tudo a perder e reiterar sua desvalia. Quando tratei disso com ela a negativa veio rápido, mas depois de um tempo até considerou minha fala.

Sabemos que inconscientemente preferimos nossos velhos e conhecidos modelos para dar conta de nossas questões, mas o trabalho da análise é denunciá-los para que possam ser revisados.

Consegui que continuássemos por mais algum tempo e como a preocupação com sua filha aumentava ela decidiu parar a análise para que eu pudesse ajudar a moça. Tentei indicar uma outra terapeuta várias vezes, mas foi em vão. Fiquei com a impressão que Ana também estava me ressarcindo de sua ausência.

Creio que a preocupação com a filha era tão grande que Ana preferiu dividir o momento difícil comigo e eu entendi.

Algum tempo depois Victoria me ligou.

Não achei que meu trabalho estivesse concluído, mas, às vezes, o paciente tem seu tempo e limite para tolerar seus processos e parar a análise é uma forma de reduzir esses dilemas. O risco que Ana corria era o de, com o tempo, voltar aos mesmos formatos quando houvesse grandes sofrimentos em sua vida.

O modelo novo, desenvolvido pela análise, era mais difícil de ser executado no início, exigia que ela se impusesse, sofresse junto e tolerasse angústia sem os tranquilizantes de sempre: comer e comprar. Com o tempo colocaria suas necessidades e as dos outros alinhadas, o que era um enorme ganho emocional.

Além disso, possibilitaria que ela não se sentisse tão impotente para lidar com o que lhe afligia e encontrasse um conforto emocional mais rápido quando as situações lhe fossem difíceis.

Victoria chegou

Victoria

Quando entrou pela porta, aquela jovem estava angustiada, tensa e não era por estar na minha presença e sim pelo tanto de ajuda que necessitava. Ela sabia exatamente por que estava ali, queria saber de si mesma, para onde ir, o que era melhor para si, pois até ali o caminho tinha sido, segundo ela, muito penoso.

Me relatou que não gostava da carreira profissional e não sabia se algum dia havia gostado, mas aos dezessete anos parecia o certo a fazer uma vez que não sabia muito de suas preferências.

Muitas pessoas têm dificuldade de conhecer suas vocações profissionais e são influenciadas por sonhos paternos, de amigos ou mesmo fantasias de sucesso. Mas com o tempo uma sensação de vazio, frustração e desinteresse toma conta da conduta profissional desses indivíduos, o que é difícil de entender e admitir, fazendo com que muitos sigam insatisfeitos por anos em suas vidas.

Outros não aguentam esse tipo de aviltação e partem para a descoberta do que já sabem há muito tempo, mas não puderam honrar. Nossas respostas estão guardadas em algum lugar dentro de nós e nem sempre temos a coragem de fazer as perguntas.

Victoria estava com medo de ser vista como irresponsável e leviana por largar uma carreira para a qual já havia se dedicado muito durante muitos anos e que, se não era satisfatória, pelo menos a definia. Relatava uma sensação de derrota horrível. Queria ter acertado desde o começo, estava com vergonha das pessoas e de si mesma, sentia-se muito triste.

Os pais e os irmãos estavam apoiando sua empreitada analítica, mas sem muito entusiasmo. Os amigos estavam divididos no apoio e achavam que podia ser uma fase ruim somente e estavam se afastando dela para "dar um tempo". O irmão iria ajudá-la a pagar a análise por um tempo, e Victoria tinha pressa.

A análise não depende do ritmo do terapeuta e sim do paciente, mas a angústia e a ansiedade, normalmente, impõem uma demanda de resultado feroz. Neste ponto, ponderei com Victoria sua pressa e angústia para que pudéssemos ter a chance de começar. Eu não tinha as respostas, mas podia caminhar com ela para descobrir.

Assim começamos.

Com 36 anos, solteira, Victoria é uma mulher que chama a atenção. Bonita, com jeito de menina e muito intensa, o abatimento lhe dominava. Estava se sentindo numa encruzilhada decisiva e sem as garantias necessárias, pois não podia mais falhar.

Somada à profissão, a paciente também desempenhava outra atividade, mas de uma maneira descompromissada. Victoria se dedicava nos finais de semana à prática de esportes ao ar livre e adorava estar com pessoas e receber orientação de seus instrutores.

Em alguns momentos, já havia sido convidada para comandar alguns grupos no lugar de seus instrutores, mas nada profissional. Ela adorava o que fazia, mas sabia que essa não seria sua nova profissão e isso a apavorava. Ponderamos que esse poderia ser um trabalho que serviria como rito de passagem entre a velha e a nova profissão. Victoria concordou, mas estava com tanto medo que não sabia por onde começar.

O difícil, nesse momento, era conter a angústia e a ansiedade dela. Ela estava fraca fisicamente e muito debilitada emocionalmente. Estávamos em final de novembro e ela não estava nada bem.

Logo após ter começado os trabalhos, Victoria conheceu um rapaz do antigo prédio onde morava. Ficaram juntos três meses e foi devastador. Ela estava carente e queria tudo que o outro pudesse oferecer e ele estava de passagem, sem muita vontade de assumir qualquer compromisso.

Assim, o sofrimento só aumentou quando ela disse a ele que queria namorar e ele preferiu parar de encontrá-la. Aqui, durante muitas sessões, conversamos sobre seus relacionamentos afetivos e o cenário era de dor. Havia tido dois relacionamentos longos com cinco anos mais ou menos cada um, que nomeava com "sei lá" [sic] e os outros foram relacionamentos rápidos.

Victoria não gostava de falar sobre isso, a sensação que me passava era que esse assunto era chato para ela e eu dizia isso ela, ao que ela me respondia que nada dava certo mesmo, então... Às vezes ficava muito brava, mudava de assunto, fugia da conversa e independente de eu apontar o que estava acontecendo a questão não mudava.

Esse assunto, dos relacionamentos, apesar de ser uma queixa constante minha, era extremamente incômodo para mim. Só de falar me dava preguiça e uma indisposição total de pensar em alternativas para viver diferente aquele tema. Via como dificuldades externas a mim (falta de vontade dos homens em entrarem num compromisso), algo com o que eu não tinha muita margem de atuação.

Naquele momento me parecia que eu já estava com muitas coisas acontecendo na minha vida. Era tudo muito difícil e eu não daria conta de sentir e pensar tudo ao mesmo tempo. Não conseguia trazer mais uma mudança de forma de agir. Eu reclamava, mas não conseguia nem enxergar que seria possível mudar minha atitude. Para mim era aquilo e pronto. Justamente por ser um tema difícil, só de tocar nele já me chateava (lembro das caretas que eu fazia para minha analista, do tipo: "de novo isso?! Me deixa reclamar em paz, poxa!"Tornei o assunto dos relacionamentos um assunto secundário (o último da fila, para falar a verdade) .

A questão profissional me parecia mais urgente e era tudo com que eu conseguia lidar. Hoje, que estou encarando de frente a questão dos relacionamentos, percebo que precisava me dar conta e amadurecer questões do meu relacionamento familiar para poder encarar minha mudança de atitude em relação às questões amorosas. Sem a mudança de visão e atitude em relação ao meu comportamento, especialmente com meu pai e minha mãe, eu jamais conseguiria encarar as demandas de relacionamento como venho encarando hoje, e olha que ainda está muito difícil.

Foi muito importante minha analista não ter deixado esse assunto de lado em nenhum momento, era como "olha, estamos agora focando nesse assunto, mas tem esse outro aqui, viu?!". Isso me fez, aos poucos, trazer a questão dos relacionamentos mais pra frente da fila.

Claro que temos resistência em falar do que não dá certo na nossa vida, mas Victoria escolhia a dedo nos seus relacionamentos quem não ia gostar ou quem ia lhe deixar e isso me chamava atenção.

Perguntei algumas vezes se ela tinha alguma notícia de por que isso acontecia e a resposta era sempre não, claro. Muitas das coisas que fazemos obedecem a questões inconscientes que não temos acesso e era onde estávamos.

Comecei a pensar na sua vida e na de seus pais. Nossos pais são modelo para muitas coisas em nossas vidas, desde o próprio relacionamento deles até os valores e forma de viver. São nossos primeiros amores e os temos como referência por toda a vida.

Victoria tinha um pai difícil emocionalmente. Complicado e exigente, sofria de depressão desde sempre, o que impunha à família certo sofrimento. Sua mãe fazia de tudo para que ele estivesse bem, muitas vezes em vão. Assim, comecei a considerar que este podia ser o problema e coloquei isso para a paciente.

Parecia-me que ela não queria viver o que a mãe vivia, que era muito difícil, e acabava boicotando sua vida afetiva como solução, pois achava que seus relacionamentos seriam parecidos. Quando coloquei isso para ela, não lhe pareceu tão estranho.

Encontramos um caminho.

Sabíamos que seu pai não era culpado de nada, mas como ela via a mãe sofrer tanto, isso lhe apavorava e agora que estava de volta a casa deles ficava mais evidente sua preocupação. Essa questão precisava ser entendida, para que Victoria pudesse ter alguma chance em suas escolhas.

Victoria estava muito deprimida em dezembro e não conseguia se alimentar corretamente de tanta angústia e ansiedade. Eu estava ficando muito preocupada e parei uma sessão para falar disso. Sugeri que ela consultasse um psiquiatra para nos ajudar, pois os resultados da análise são efetivos, mas não imediatos e ela estava sofrendo com pânico e noites maldormidas.

Eu só chorava, não comia. Tirava forças de onde não tinha para continuar aquela atividade que estava sendo minha salvação naquele momento.

Eu já tinha um histórico longo (de anos) de tristeza e busca de auxílio a psiquiatras (em especial um psiquiatra, muito renomado no meio médico e em quem eu confiava muito). Ao longo dos anos cheguei a tomar grandes doses de antidepressivos e isso me tornou uma pessoa muito assustada e desconfiada com psiquiatras, pois algo me dizia que eu não precisava de tanto remédio. Naquela época (em dezembro) já fazia alguns anos que eu tinha decidido não tomar mais antidepressivos.

Quando deixei definitivamente a antiga profissão (em setembro) eu estava muito assustada com tudo o que estava acontecendo (inclusive dias em que tinha receio de sair de casa) e procurei um novo psiquiatra. Mesmo reticente aceitei uma medicação que ele me passou na época (que encarei como muleta para passar aquele período) e logo não quis mais voltar (por medo de voltar a tomar tantos remédios).

Quando, em dezembro, me vi sem forças para absolutamente nada, voltei a consultar esse novo psiquiatra (por forte recomendação da minha analista) dizendo tudo o que estava acontecendo na minha vida, inclusive meu medo de voltar a tomar tantos remédios. Ele foi (e ainda é) muito consciencioso e me receitou uma medicação que senti adequada com a promessa de que eu iria conseguir diminuir ao longo do tempo, e foi o que aconteceu. Isso, junto com a análise, me deu suporte para passar por aquele período horrível.

É bastante importante ressaltar que a análise e a confiança passada pelo analista te ajudam a acreditar que vai dar certo. Você precisa não só acreditar, mas se movimentar, agir mesmo não querendo (lembro que minha analista falava: "acorda mesmo não querendo, cai da cama e se joga no chuveiro").

Na época surgiu a possibilidade de viajar com umas amigas para um lugar longe, e iríamos enfrentar algumas (muitas) horas de viagem de carro. Para mim parecia um pesadelo. Com o incentivo da análise encarei a viagem mesmo fraca e debilitada (ela sempre se colocou disponível para eu ligar quando fosse preciso, além disso eu estava tomando os remédios que o psiquiatra receitou). Criei coragem para dizer para minhas amigas tudo o que estava acontecendo e fui. Aquele movimento fez toda a diferença para mim, me fez enxergar que sempre é possível criar espaços de atuação mesmo num cenário devastador. Isso trago comigo até hoje, criei uma nova forma de encarar as coisas e agir no mundo.

O cenário era preocupante, pois sabia que o Natal estava se aproximando e era o momento de enfrentar toda a família que ia, sem dúvida, questioná-la, e o trabalho que ela executava estava diminuindo por causa do final do ano e ela estava agoniada sem dinheiro.

Estava tudo difícil.

Adotamos esse tipo de conduta de sugerir o acompanhamento psiquiátrico juntamente com a análise quando a qualidade de vida do paciente está muito comprometida e o nível de sofrimento é tão alto que o impossibilita de usufruir do mínimo necessário para algum bem-estar. Esse tipo de medicação precisa de um tempo para fazer efeito, mas seguimos com esta outra ajuda.

Nos meses seguintes pudemos evoluir com suas questões profissionais. Victoria estava sentindo-se melhor, já desempenhava o papel de coordenadora de alguns grupos de trabalho e as questões de relacionamento iam e voltavam dentro do consultório, mas não evoluíamos muito. Ela estava satisfeita com o trabalho, mas ainda não era isso que lhe completava.

Com o tempo, começamos a desenhar suas habilidades e desejos, mas era um mar de possibilidades a nossa frente. As sessões se seguiam, sem muito sucesso, até que um dia ela se lembrou que um de seus desejos infantis era ajudar as pessoas e que não tinha dado muita atenção a ele, por ter ouvido, de seus pais, que era uma profissão sem muito prestígio e remuneração.

Não se lembrava desses pensamentos há anos e só mencionou depois de muito indagada, pois ainda achava que era algo que não valia muito. Ela já fazia isso em seu trabalho, quando ensinava pessoas a superarem seus limites físicos, mas isso podia melhorar para atender suas competências e desejos.

Trabalhamos muito para ultrapassar seus preconceitos e resistências, o que a fez procurar as várias profissões com essa função direta e ler sobre elas, pois iria encontrar algo que se encaixasse. A resposta estava dentro dela e era uma questão de tempo. Victoria teve que se haver com um mar de emoções e medo nessa busca e entre idas e vindas descobrimos que um dos entraves para achar a nova profissão era a excelência: ela tinha que ser ótima como a dos seus pais.

Ela se sentia desprestigiada por já ter errado perante a família e os amigos, então agora tinha de ser especial para justificar a mudança. Isso dificultava tudo, pois com essa condição a escolha era quase impossível. Mudar de profissão quando se é adulto parece, para muitos, atitude de alguém instável, inseguro, insatisfeito, imaturo, mas na verdade envolve muita coragem e determinação, pois o caminho é muito difícil quase sempre.

A situação se complicava, porque também os relacionamentos afetivos não tinham dado certo até aqui e isso se somava a um cenário de derrota total.

"Eu tenho jeito?" [sic]

Nesse momento comecei a me dar conta que a derrota nos relacionamentos afetivos não era apenas decorrência da atitude e disposição de outras pessoas, mas das minhas próprias também.

Comecei a enxergar que me demorava muito numa história que não ia pra frente, que eu não sabia ler essa indisposição do outro e perdia meu tempo e gastava minha energia numa história que claramente não daria em nada (ainda ajo assim, mas acho que já consigo perceber um pouco antes).

Também comecei a me questionar por que escolhia esse tipo de pessoa para me relacionar e ficava (ainda fico) cega para outras pessoas que estejam dispostas. Comecei a me dar conta que eu mesma não conseguia (ainda não consigo) dizer ao outro o que eu quero de um relacionamento e sempre dançava (ainda danço) conforme a música do outro.

Um ano e meio após nosso primeiro encontro, Victoria chegou à sessão cheia de ideias que poderiam profissionalmente lhe satisfazer. Pensou sobre o que já fazia e sobre o que desejava e começou a desenhar a construção de eventos para grupos ligados à natureza: caminhadas, escaladas, trilhas, especialmente para pessoas que não se achavam em condições de realizar essas tarefas e queriam experimentar superar seus medos e preconceitos.

Victoria já realizava essas atividades e fisicamente era forte o suficiente para isso, além de dominar os quesitos técnicos, mas isso era novo e contava muito de sua história também. Ela teve que fazer esse caminho para chegar até aqui, então sabia que era possível.

Com muito medo de não dar certo, a paciente começou a desenhar essa nova empreitada e a análise era o palco de toda a insegurança que o novo lhe causava. A família de início não lhe apoiou, temendo que ela dificilmente teria condições financeiras para se sustentar com esse trabalho. Os amigos acharam legal, mas com um entusiasmo bem "bege"

Esse início foi bem difícil e trabalhávamos o tempo todo seus receios e inseguranças nas sessões e o desespero tomava conta em algumas delas. Sem garantias não há muitas opções a não ser tentar. Os quesitos estavam cumpridos: ela sabia realizar o trabalho, o novo segmento era viável, agora era colocar a mão na massa e ir atrás.

Bem, ainda contávamos com muita ansiedade e pressa, o que incentivava os pensamentos mais negativos possíveis, mas esse era um formato emocional que quase sempre dominava a cena e ela precisava se haver com isso. Desconstruir a intolerância com os erros e ter determinação estavam sendo incorporados a duras penas no melhor formato: assim tem que ser.

Seus pais estavam sempre em nossas conversas e quando falo disso me refiro não aos pais de verdade, mas aqueles que introjetamos , que são os nossos pais internos. Às vezes, na nossa cabeça eles são bem piores ou melhores. As cobranças parentais, as humilhações que desfrutamos, o papel que desempenhamos na nossa família, são nossos fantasmas conhecidos.

Ana, mãe de Victoria, me procurou para conversarmos. Na mensagem estava desesperada com o novo negócio da filha e queria explicações. Respondi que iria conversar com Victoria sobre seu contato, mas que entendia suas preocupações. Ela ficou brava, insistiu. Minha paciente ficou surpresa com a ligação da mãe, mas entendeu e sugeriu que eu a recebesse para esclarecer a nova empreitada. Foi quando eu respondi que não poderia atender ao seu pedido.

Ela tinha voz e precisava conversar com sua família e se entender com eles por fim. A análise individual de adultos não tem o papel de interlocutor familiar. Essa regra de ouro se quebra quando o indivíduo se incapacita e não era o caso.

A família, para Victoria, era um problema. Ela considerava que o pai a achava uma esquisita, criançola, imatura e não muito inteligente. Com este cenário, começamos a conversar sobre essa relação e como Victoria contribuía para a visão do pai sobre ela. Não era fácil, as sessões tinham uma tensão considerável, mas como o pai não ia mudar, quem tinha que mudar era ela.

Crescer perante os pais é sempre difícil para os filhos e para os pais. Há pais que precisam tratar seus filhos como crianças a vida toda e isso acaba contribuindo para a manutenção da imaturidade. É muito difícil deixar de ser a filhinha do papai e da mamãe e crescer, há de se fazer uma escolha.

Minha paciente não tinha como fugir desse impasse. Começou a responder para os pais e a ficar com muita raiva de tudo e de todos, inclusive da analista.

> Sempre tive um relacionamento muito difícil com meu pai: um homem que tinha virtudes, mas também muitos defeitos, e esses defeitos sempre se sobressaíram às virtudes e me atingiam diretamente. Sempre me vi sem voz frente ao meu pai, carregando raiva e rancor contra ele e contra mim.
>
> Meu relacionamento com minha mãe, ao contrário, sempre foi muito bom. Mas nesse momento também comecei a perceber as deficiências desse relacionamento, em especial como atitudes dela afetavam meu relacionamento com meu pai.

Isso tudo foi uma grande surpresa para mim. Foi muito dolorido me dar conta da raiva que eu sentia do meu pai e da decepção em relação a minha mãe.

Isso me deu forças para me posicionar frente a eles (especialmente frente a meu pai). Comecei a deixar transparecer como queria ser tratada dali para frente (com respeito).

Fui me dando conta que sempre escolhi os parceiros errados, tanto aqueles com quem me relacionei por longo tempo como aqueles que escolhia para insistir num relacionamento que claramente não iria para frente. Tudo no sentido de me impedir viver um relacionamento, já que minha referência de relacionamento era péssima.

Aos poucos estou me dando conta que posso viver algo diferente, algo bom, prazeroso, leve, alegre, com companheirismo e delicadeza, com alguém com quem eu tenha voz, com quem consiga dizer o que penso e o que sinto sem a sensação de estar sendo julgada e, principalmente, com a certeza de que o que eu penso, falo e faço são valiosos para essa pessoa.

Nesse momento, os relacionamentos afetivos voltaram às sessões. Para ela era difícil conhecer rapazes onde circulava e, como sabemos, as experiências anteriores tinham sido um desastre. Victoria tinha poucas amigas e gostava delas, mas a maioria namorava, e quando ela saía para dançar ou beber algo não achava ninguém interessante, o que me chamava muito atenção.

Por conta da pressão das amigas, Victoria baixou em seu celular um aplicativo que lhe permitia conhecer pessoas que estivessem perto dela. Mas a coisa não andava, pois aqueles por quem ela se interessava não lhe davam muitas respostas e os que respondiam acabavam parecendo pouco interessantes.

Eu tentava sempre aprofundar o conhecimento de suas expectativas e manejos nessa questão, mas sempre em vão. Percebia o quanto minha paciente era intolerante, exigente e quase nada desconfiada, pois quando o outro lhe acena com um pouco, se entregava. Era uma confusão.

Percebemos, com o tempo, que essa confusão era para nada dar certo. Ela queria um rapaz inteligente, divertido, confiante profissionalmente e que gostasse de estar em contato com a natureza, mas se o rapaz que ela acabou de conhecer apresentasse uma dessas características ela se entregava no primeiro encontro e um vazio enorme a consumia depois se ele não a procurasse mais.

Conversamos sobre esse excesso de expectativa que carregava no primeiro encontro e como o tudo ou nada era para dar em nada. Ela entendia, mas continuava.

> Era muito difícil deixar de agir segundo um padrão de comportamento que já é conhecido e confortável pra mim (mesmo que não fosse bom).

Esse fato alimentava o descrédito em suas relações afetivas, pois queria ter alguém, mas parecia que ou escolhia quem não queria ou quem não iria lhe querer e este era o sintoma.

Isso servia a quê?

Precisávamos voltar a seus pais.

Comecei a estimular Victoria a falar da relação dos pais, seus hábitos, suas referências enquanto casal e as lembranças dela mostravam um não casal, pais que estavam juntos, mas não pareciam se gostar, não eram afetuosos e viviam em silêncio.

Esse era o modelo de relação afetiva que ela tinha e não queria e que nos ajudava a entender seu boicote nos seus encontros: não queria o que seus pais tinham. O homem que seu pai era não servia para ela: grosseiro, inafetivo e exigente, transformava a relação num campo minado. Todos tinham medo dele, inclusive ela. Logo, conquistar um homem diferente disso parecia uma tarefa de Hércules, uma vez que o próprio pai mostrava certas restrições à pessoa dela.

O relacionamento entre os dois nunca foi um exemplo para mim. Tudo o que eu não quero ter é um relacionamento como o deles. Mas essa consciência foi crucial para eu perceber como eu deslocava esse tipo de dinâmica para meus próprios relacionamentos.

É muito difícil aceitar uma interpretação dessas, mas aqui o rumo da análise mudou.

Entender onde estavam ancoradas suas restrições afetivas revelou um mundo de possibilidades e uma ira mortal pelo pai. A mãe também não estava livre da raiva que sentia, pois em seu entendimento nunca fez nada para mudar. Para ela tudo era culpa deles. Mas não era.

Eles eram o que eram e quem teria que mudar era ela, mas para isso teria que aceitar este cenário e trabalhar para construir padrões próprios e se libertar. Morar na casa dos pais virou um problema para ela, pois não suportava ver como a mãe era humilhada e usada.

As sessões caminharam e Victoria começou a entender que o casamento dos pais servia a eles de alguma forma e isso tinha que ser respeitado, mesmo que parecesse estranho ou muito louco.

Crescer é ter escolha e ela podia começar a se livrar dos velhos modelos para seguir em frente. Criar seus formatos e usufruir deles. Ser enfim diferente como a família sempre achou que ela era. E eles acertaram.

Victoria continua em análise...

Sua mãe voltou a engordar.

O escravo do cinemão

Sérgio Máscoli

"Eu sou eu e minha circunstância,
e se não salvo a ela, não me salvo a mim."
Ortega y Gasset

Havia em minha clínica privada dois casos interessantes que preenchiam as condições para a escrita deste artigo.

Fiz a proposta para os dois, para selecionar um que autorizasse a escrita de seu caso. O primeiro declinou, mas o segundo, apesar do "desconforto", interessou-se em saber se sua participação ajudaria outras pessoas. A partir de minha resposta afirmativa, concordou em participar.

José [nome fictício] esteve em análise pessoal por mais de dois anos e fizemos o que irei chamar de "entrevistas pós-liminar", o paciente foi generoso e participou abertamente, claro que com um certo desconforto por causa da exposição.

José, 37 anos, nascido na capital de São Paulo, casado há treze anos, pai de um bebê de sete meses, religião evangélica desde os vinte anos, com curso superior completo, mestiço de negro e branco. Atua na área de sua formação superior.

É o primogênito, tendo mais uma irmã, aproximadamente oito anos mais nova.

A família original é de classe média, sempre teve conforto na infância e adolescência, indo trabalhar por volta dos dezessete anos como office-boy para ajudar a custear seus estudos.

Aos quatro anos e meio, José sofreu a primeira violência sexual quando um primo de dezoito anos o levou a masturbá-lo e fazer sexo oral, o que aconteceu por mais algumas vezes.

Com o passar dos meses, seu primo tentava penetrá-lo, mas pelo fato de José chorar por sentir dor, o intercurso anal não se realizava.

José se lembra que esta situação perdurou por mais de um ano, pois por causa do trabalho da mãe tinha de ficar aos cuidados de uma tia, mãe de seu primo. Não bastasse, ocorreu também um outro episódio quando este primo trouxe outro primo, também jovem no final da adolescência, para ter intimidades sexuais com José (sexo oral, masturbação e tentativa de penetração anal).

José afirmava que nenhum adulto de sua família percebia o que se passava, até que um dia sua mãe descobriu esperma seco em sua cuequinha.

José, quando questionado, não soube o que responder e se lembra que a mãe discutiu fortemente com ele. Ficou assustado e confuso e daí em diante não aceitou mais as investidas do deste primo.

José aos sete anos surpreendeu seu pai e sua mãe mantendo uma relação sexual e ficou muito assustado e confuso, pensou que estivessem praticando um ato errado e começou a gritar com ambos.

Sua mãe foi acalmá-lo, mas José não aceitava os argumentos da mãe e dizia: "... tá errado, vocês estão fazendo errado...", então a sua mãe para interromper esta fala e a cena de seu filho disse em tom ameaçador: "... se você fizer isso, eu também vou contar de você e seu primo pra todo mundo".

Imediatamente José se calou e compreendeu que a ameaça de sua mãe o exporia e o humilharia; ele afirmou não se lembrar de como o pai agiu e nem que atitude tomou naquele momento.

José sempre afirmou que seu pai nunca lhe abraçou ou disse que o amava, parece que o paciente tem a fantasia de que esta cena primeva e a ameaça da mãe fizeram com que seu pai desgostasse dele. Segundo José sua mãe sempre foi "presente", porém dominadora e controladora, já seu pai era ausente e sempre afirmava que o filho era um incompetente.

Porém, é importante apontar que foi depois desta cena dos pais e da ameaça da mãe que José é violentado "de fato" pelo segundo primo. Parece haver um hiato psicológico entre a marca de esperma seco na cueca de José e a cena em que surpreendeu os pais em atividade sexual e o "consentimento" em se relacionar com o segundo primo.

"Tava tudo errado mesmo."

O paciente não afirma com clareza, mas deixa transparecer que desde a época dos abusos, da cena primal, da ameaça da mãe, da distância do pai passou a sentir-se nervoso e ansioso. Neste momento parece que se originou sua angústia diante do desejo e o conflito que este trazia.

José declara que sua família rompeu relações com a família do primeiro primo, não do segundo, e agora imagina que o abuso que sofreu foi o motivo dessa ruptura. Porém, esse assunto jamais foi conversado, era "mudo".

José disse que passou a adolescência toda agindo como "homenzinho", como descreve, tendo namoricos com várias meninas, e que tinha muita curiosidade sexual. Era um rapaz bonito e atraente, parece que havia parte de seu desejo recalcado, porém latente, esperando para se manifestar. Sua curiosidade por sexo e seu estado de ansiedade e nervosismo demonstram isso.

Quando começou a trabalhar, descobriu no centro de São Paulo cinemas que passavam filmes pornográficos e, movido pela "curiosidade", resolveu conhecê-los. Esses cinemas são conhecidos como "cinemão", onde geralmente existem *dark rooms*, box íntimos, além dos banheiros. Nestes cinemões as sessões são ininterruptas, intercalando filmes hétero, homo, bissexuais, zoofílicos, entre outros tipos.

José ainda não havia percebido exatamente de que ambiente se tratava: "... até que fui ao banheiro e fui abordado por outro homem muito bonito que queria que eu entrasse junto com ele num box...". Mas se recusou por inexperiência.

Na primeira vez no cinema o filme era de temática heterossexual, o que era uma experiência nova e José, a princípio, estava perplexo, porém "meu tesão explodiu", declarou. Ficou com uma forte impressão do evento do banheiro, este pensamento "grudou" nele, como descreve.

Em uma das primeiras descrições que fez sobre o cinema disse que sequer assistiu ao filme e que o ambiente era escuro, soma de sombras e penumbra da luz da tela, com sons de gemidos de pessoas mantendo relações sexuais ou se esfregando mutuamente. Descreve que o odor do local era composto por urina, excrementos, mofo, somado com muita fumaça de cigarro, de maconha, de crack, o que deixava o ambiente esfumaçado dificultando sua respiração. Complementa que ser abordado por homens vistos pela penumbra, entre fumaça e odores fortes, era a antessala do inferno, mas que isso o atraía muito, a ponto de frequentar esse tipo de cinema até hoje.

Nos primeiros dias após ter descoberto o cinema pornográfico, José sentiu um forte tesão. Declara que não queria voltar de forma nenhuma ao cinema, a ponto de sentir-se mal, pois ficava trêmulo e sem fôlego, até não resistir mais e sentir-se forçado a ir.

Quando José entrava no cinema, esses sintomas passavam e ficava muito excitado por ver não o filme, mas os contatos entre homens na penumbra do cinema ou dos "banheiros" e se masturbava com intensidade e mais de uma vez. Permanecia no ambiente por mais de três horas. Ocorreram vezes que passou um dia inteiro: "... quando eu ia embora, sentia muita ansiedade. Era como se não pudesse ir embora, como que não era pra ir embora", diz.

Mas quando saía para ir embora sentia arrependimento e culpa: "... eu ficava pior do que antes de ter entrado".

Através desta fala de José pode-se perceber o nível da angústia, de sofrimento, do conflito que ele passava. Parece que seu desejo não era controlado, levando-o à excitação e ao orgasmo. Ficava algumas horas no cinema.

José afirmava que no começo ele ia ao cinema esporadicamente, mas que não demorou muito para passar para várias vezes por semana até chegar ao pico de ir todos os dias, inclusive indo a mais de um cinema, uma vez que ele descobriu que existiam mais cinemas em que este tipo de situação ocorria.

Mas foi por volta dos 32 anos que ele perdeu o controle, e vivia diariamente no cinema mesmo em feriados e fins de semana. É claro que isso prejudicou sua vida pessoal, relacional, profissional e social.

"... Eu era escravo do cinemão", concluiu.

Sua frequência ao cinema teve várias fases diferentes, quando era ainda muito jovem ia por causa do tesão e para se masturbar, depois veio a fase de aceitar a aproximação de homens, que deviam ser, como ele afirmou, de corpo e aparência bonitos, e permitia que eles o masturbassem e fizessem oral, depois já não rejeitava mais nenhum homem, desde que tivesse aparência saudável.

Quando era mais jovem não penetrava, já mais velho, penetrava, diz que se sentia muito bem psicologicamente.

É importante esclarecer que José iniciou sua vida sexual "formal" por volta dos dezenove anos (um ano após frequentar os cinemas), foi uma relação heterossexual com uma namorada que, por ser mais experiente, o orientou até que José adquirisse experiência: "... eu sentia tesão por ela e gozava legal", afirma. Nunca disse a essa namorada que frequentava cinemas pornográficos.

Por volta dos vinte anos começou a frequentar uma igreja evangélica, por influência de sua mãe que havia se tornado evangélica um pouco antes.

José, além de se sentir impulsionado a ir ao cinema frequentemente, agora frequentava uma igreja evangélica, intensificando dessa forma sua sensação de culpa e ampliando seu conflito.

Em momentos de estresse e ansiedade, José declara que sua compulsão aumenta muito e que perde o controle já na primeira "tentação".

Na igreja conheceu sua esposa com quem já está casado há treze anos; entre namoro e noivado foram três anos, portanto já se conhecem há dezesseis anos; José afirmava que sentia atração, desejo e que mantinha uma boa relação sexual com ela.

Com aproximadamente seis meses de casados mudaram-se para outro país e lá foi traído por sua esposa, vindo a descobrir isso por "mera intuição". A partir daí começou a controlar a vida dela. E foi procurar cinemas pornográficos nessa cidade, começando a frequentá-los assiduamente.

Parece que o namoro com a mulher que o iniciou sexualmente, sua conversão para a igreja evangélica por influência de sua mãe (com a qual mantém um "segredo sexual"), seu casamento e a traição da esposa formam um enredo e cenário apropriados para que José se permitisse sua dinâmica sexual e nela se aprofundasse.

Um fato relevante acontece com ele fora do Brasil. Certo dia, quando caminhava na rua, em pleno inverno, é parado por um homem que o convidou para sair, "... eu me lembro que ele alisava o meu peito e eu só não saí com ele porque ele me parou no meio da rua", declarou. Essa atitude de José pode representar o fato de que quando está em público, e não no espaço privado, procura esquivar-se da aproximação de homens. Aqui se manifesta um paradoxo, pois para José o cinemão era privado.

Após quase seis anos, de volta ao país, passou a ter seu comportamento sexual ampliado, não sentia mais impulsão de ir ao cinema todos os dias, mas passou a observar homens que o atraíam na rua, em seu trabalho e os perseguia: ia a banheiros públicos, de shoppings, para ficar olhando homens; foi abordado e abordou várias vezes com a intenção de ter alguma espécie de atividade sexual, masturbação ou sexo oral, se não em banheiros públicos, dos shoppings, era no carro de um deles, expondo-se a riscos sociais. Isso ocorreu durante muito tempo, por isso sua frequência nos cinemas diminuiu, mas não o contato com os homens diariamente. Parece que o desejo simplesmente mudou de lugar.

Com sua esposa a relação era "normal", pois diz ter deixado de lado a questão da traição, porém: "... ela não sabe, mas pago com a mesma moeda a traição dela".

Isso me parece "justificar" sua atitude impulsiva quanto a ter sexo com homens. Um dado importante é que José nunca escondeu da mulher suas idas ao cinema desde o início do relacionamento.

Até que um dia sua esposa o surpreende, como relata, numa cena bizarra: José estava se masturbando olhando um rapaz do prédio do mesmo condomínio, que também estava se masturbando olhando para ele. A esta altura o paciente estava com aproximadamente 31 anos.

Após uma áspera discussão, a esposa de José faz uma exigência: ou ele iria procurar ajuda terapêutica ou o casamento terminaria. Então, procurou um psiquiatra, mas sem contar sua história, foi medicado com um ansiolítico, que segundo o paciente não fez efeito nenhum.

José declara que neste período suas frequências ao cinema se intensificaram muito, ia todos os dias. Ficava muitas horas e agora penetrava os parceiros de cinema, sem nenhuma restrição: "... eu virei comedor. Todo dia. Eu ia lá, mas só pra ter relação", declarou. Parece que transcendia.

Inclusive algumas vezes saiu do cinema e foi à casa destes parceiros, sempre usando pseudônimo, porém, sempre afirmando ser casado, uma vez que não retirava a grossa aliança que usa.

Parece que José estava desafiando a si próprio, sua esposa, seu casamento; os limites estavam sendo agora rompidos, e ele se sentia bem em ser o "comedor". Neste período, por duas ou três vezes quase foi penetrado, mas interrompeu o ato: "... aquilo [ânus] não foi feito pra isso [ser penetrado]", afirmou fazendo um gesto com as mãos.

José penetrava, porém não se permitia ser penetrado. Parece que uma "repetição simbólica" de seu passado se manifestava nestes eventos, como que ao penetrar projetasse seus primos abusadores e ao recusar ser penetrado era uma recordação sua, de sua infância, pois agora estava no controle do ato e não mais vulnerável.

Há quatro anos, quando tinha por volta de 33 anos, sua esposa contou para a mãe de José o que ele fazia, ou seja, ia ao cinema pornográfico constantemente e que se masturbava em público. "A casa caiu, minha mãe teve um troço no coração", concluiu.

A mãe de José o obrigou a procurar atendimento psicológico, sem o qual não o perdoaria nunca; neste período José começou a receber "conselhos" de todos: da irmã, do pastor da igreja, de casais amigos, de parentes, o que o levou a concluir que sua mãe havia contado sobre ele a todos, que o tomaram como doente, louco, tarado, sem vergonha, gay, entre outros adjetivos: "... tenho certeza que minha mãe fez isso comigo".

José se deprimiu profundamente, tentando suicídio ao fazer um leve corte no pescoço com uma faca de cozinha, mas foi socorrido pela esposa. Seu pensamento era o seguinte: se iria para o inferno cristão por causa de sua sexualidade, iria mais cedo por causa do suicídio.

Nesse momento, com quase 34 anos, veio buscar análise com duas queixas bastante importantes: "... tenho de parar de ir ao cinema" e "... não admito ser homossexual".

Todavia, ficava claro que seu desejo em ter relações constantemente com homens era para sentir-se gratificado, enquanto que com sua esposa tinha uma vida sexual sem intercurso de problemas de desejo e relacionamento. Contudo, sua angústia era proveniente do narcisismo, em outras palavras, da imagem de si próprio, do eu desejante.

José pensava em fazer sexo com homens o tempo todo, "... eu acordo de manhã e a primeira coisa que eu penso é estar no cinema... eu fico excitado por causa disso... quando não dá tempo de ir ao cinema, eu me masturbo... fazer o quê", considera. Isso demonstra um traço obsessivo com rituais sexuais, uma defesa neurótica do eu em busca do objeto perdido na violência sexual.

José não se interessa por sites eróticos, nem por revistas eróticas, "... eu tenho que estar no lugar... eu tenho que ver o cara... o corpo dele tem que me excitar... é ao vivo, não tem jeito", declara.

José apresentava resistência em consultar um psiquiatra,

afirmando que iriam dar remédio para ele, mas que isso não adiantaria nada.

No início do tratamento de José, percebi que para ele um acompanhamento psiquiátrico era fundamental. Por fim, José resolveu aceitar o encaminhamento para um psiquiatra especialista em Sexualidade Humana. Este colheu os dados de sua história numa consulta muito longa, entrou no assunto dos abusos, deixou José muito à vontade para se expressar, e somente depois ele foi medicado.

"... O medicamento [não sabe dizer qual] não me cortou a libido, tinha desejo, mas não tinha a mesma sensibilidade no meu pênis, provocando dificuldade em ejacular e diminuição do vigor da ereção...", considerou.

A análise, com a ajuda da medicação, levou José a um fortalecimento do ego, ele se identificou com seu sintoma e se aceitou.

Assim uma nova situação surgiu: seu envolvimento com o cinema pornográfico mudou de sentido, José agora ia ao cinema não só para "transar", mas para dialogar, conversar e identificar pontos em comum com outros homens, mas tal homem devia ainda ser bonito.

Justamente neste novo sentido, descobriu no cinemão um rapaz de 23 anos com quem se identificou muito por terem um histórico de vida semelhante. Ambos resolveram investir numa relação, coisa que José nunca aceitou e contra a qual lutou fortemente, antes da análise. Desta forma o cinema não era mais o foco.

José se apaixonou por este rapaz quatorze anos mais novo que ele, porém, um novo problema surgiu do fato de ambos terem preferência ativa, portanto, tiveram que negociar a passividade nas relações sexuais entre eles. José nunca tinha experimentado uma relação com um homem com afeto e essa novidade o deixou muito bem, se sentiu integrado, "... hoje eu me acho bonito. Além do J outros rapazes me procuram e me elogiam", pondera.

Mas durante o processo um novo paradoxo se estabeleceu para José, que afirmou que agora tem três amores: sua esposa, sua filha e seu amante, mas que ainda se sente incompleto, que ainda existe um vazio, o que ainda o leva ao cinema (sem a mesma frequência de antes), "... agora quando vou ao cinema não me excito mais e isso me deixa triste", declarou.

Durante a entrevista pós-liminar pude perceber, pela agitação do meu paciente, que ele estava tenso, não quis ir para o divã, mas pude notar que ele estava seguro e decidido, estava diferente para melhor.

Nestas entrevistas dois dados muito importantes me foram revelados: o primeiro foi que ele havia sido abusado por dois primos adultos, eu só sabia do primeiro até agora. Esta informação foi importante para a compreensão do desenvolvimento da sexualidade do paciente, pois o segundo primo o violentou depois que havia sido descoberto o abuso com o primeiro primo. A violência deste segundo primo se deu depois que o paciente surpreendeu seus pais mantendo relação sexual, depois que foi ameaçado pela mãe. Isso me sugere que de alguma forma o abuso do segundo primo veio corroborar ainda mais na instalação do trauma sexual do meu paciente, pois ele se sentiu desprotegido pelos pais e assim se tornou mais vulnerável psicossocialmente que no abuso do primeiro primo.

O segundo dado revelado foi o caso de a mulher tê-lo traído após seis meses de casados; justificando que esta atitude da esposa o liberou para ir ao cinema "sem culpa", diferente de como ocorria anteriormente. Pacientes ainda omitem suas histórias, a resistência sempre encontra uma maneira de se manifestar.

Nos dias posteriores às nossas entrevistas pós-liminares, José está se sentindo aflito e desmotivado, afirma sentir muita tensão, inclusive apresentando sintomas físicos, se queixa de palpitações, transpiração, ondas de calor e aperto no peito e descontrole das emoções, segundo diagnosticou o médico que o atendeu na emergência de um pronto-socorro, pois suspeitou que estava tendo um ataque do coração. José passou a apresentar fobia.

Seus relacionamentos com a esposa, a filha e o amante (que constantemente fortalece seu ego) parece que não conseguem sustentá-lo e alimentá-lo afetivamente, como ele julgou no começo das relações.

Suas demandas de análise tiveram deslocamentos e oscilações, José continua indo aos cinemas, mas com outro sentido acoplado ao anterior e não se compreende só como homossexual, "... sabe, talvez eu seja bissexual", concluiu. Refletiu: "... puxa, eu adoro o João, mas um dia quando ele tocou meu pênis, ele não ficou mais ereto...; quando eu ia ter uma relação com a minha mulher, eu estava durão, mas de repente amoleceu... aí fui ao cinema e nem lá meu pênis ficou duro e olha que o cara era muito bonito... sabe, eu fiquei aliviado...", terminou. José já abandonou este parceiro, justificando que era jovem demais, e que o sentimento havia acabado.

A atual disfunção erétil que José passou a apresentar pode estar relacionada com uma defesa neurótica, de fortalecimento do ego, por não ter que ter relações sexuais nenhuma, a fim de lidar com seu narcisismo ou com a ferida narcísica que foi deturpada pelos abusos sexuais.

Depois de medicado, José afirmou que diminuiu sua sensibilidade peniana, e que agora demora na ejaculação e por isso abandonou o tratamento com o psiquiatra. Mas compreende que ainda tem sintomas ansiosos-depressivos e que este é um fator de risco para sua saúde mental.

Após um período de acomodação, o paciente ainda sai frequentemente com outros homens que encontra no cinema, na rua, no shopping, porém sendo relações (relações e não mais meras penetrações) muito rápidas: "... eu não quero namorar agora com nenhum deles, sou casado e não quero perder minha família...". José não sente mais culpa por conta de seu desejo, mas ainda demonstra constrangimento pela pressão social.

A narrativa usada neste caso compreende desde o início do tratamento de José até sua interrupção quase dois anos e meio depois, por motivo de mudança.

Atualmente, José, sua esposa e sua filha vivem fora do Brasil.

Uma escuta analítica possível

Um princípio no campo da sexualidade é que o comportamento sexual sadio não causa sofrimento àquele que pratica o ato sexual, porém, José procurou análise justamente com a queixa de que sofre e faz sofrer sua esposa no que diz respeito à sexualidade.

McDougall (1985) diz que a normalidade é seguir o padrão familiar e social determinado e que o anormal é aquele que cria seu próprio modo de agir, e por isso defende uma "certa anormalidade". Portanto, a questão de desejo não é uma mera questão estatística, José faz sexo mais vezes que outros homens, faz sexo com desejo com sua mulher e faz sexo com desejo com homens "desconhecidos" com uma frequência diária, o que caracterizaria que José estaria fora dos padrões de normalidade aos olhos da cultura, da época, do local, da atitude de ir ao cinemão, ações que davam a impressão, pelo senso comum, de que José era não sadio.

Na literatura se encontra referência à hipersexualidade como algo que teria como causa alguma espécie de lesão neurológica que provocaria alterações eletroquímicas no cérebro.

Também se encontra na literatura médica várias e diferentes denominações para "Comportamento Sexual Compulsivo": os sátiros da mitologia grega, promiscuidade compulsiva, sexualidade compulsiva, dom-juanismo, hiperestesia, precocidade sexual idiopática, libertinismo, metromania e promiscuidade patológica.

Um fato que chama a atenção é a discrepância que há entre os dois materiais nos quais os diagnósticos noológicos são encontrados, o CID-10 e o DSM-V. Devemos considerar que a psicanálise tem seu modo próprio de diagnóstico e uma forma particular de tratar do sujeito. Para a psicanálise freudiana, o sujeito se constitui a partir de sua dinâmica intrapsíquica e de suas experiências.

A história de um homem que sofre muito, que se sente desconfortável em ter desejo sexual excessivo, que quer se ver livre disso, como costuma dizer: "isto é viver num inferno", precisa de um tratamento que o ajude a reconstruir seus significados próprios. Isso a psicanálise sabe manejar muito bem.

José foi abusado sexualmente na infância, o que é considerado um fator de risco para o desenvolvimento de um comportamento sexual compulsivo. É importante conhecer a etimologia do termo "compulsão", do latim *compulsio*, de *compellere*, "levar a um lugar, levar à força, sequestrar", formado pelo prefixo com-, "junto", mais o verbo *pellere*, "guiar, levar, desejar".

Spitz (1988) deixa claro que é na fase infantil que a criança escolhe seu objeto de desejo, a partir dos precursores que lhe dá segurança, o estimula e evitam a depressão anaclítica. Caso contrário, um sentimento de desamparo poderá acompanhar esta criança por toda a vida e prejudicar sua escolha objetal. Parece que José se encaixa nesta teoria.

Então, do ponto de vista psicanalítico, se pode supor que tal desejo se manifesta como defesa contra a angústia primitiva e para lidar com afetos equivocados: sensações desconfortáveis, baixa autoestima, vergonha e ansiedade, busca compulsiva por gratificação através do ato sexual, apesar do quão paradoxal isso seja.

Um indivíduo submetido a um trauma, sendo incapaz de compreendê-lo, pode criar uma fantasia ou um pensamento mágico de que ele é o responsável pelo que lhe aconteceu, ou seja, José imagina que de alguma forma seduziu seus primos, então, encontra uma forma de se punir, seduzindo ele mesmo outros homens.

Isso demonstra que a repetição sintomática toma o lugar de uma elaboração simbólica, do surgimento de representações mentais que o estabilizem, diminuindo assim a angústia.

A descoberta da sexualidade infantil e do papel que ela desempenha na vida adulta, no caso de José através do abuso sexual, faz surgir fantasias inconscientes que reproduzem condutas infantis anacronicamente fixadas na vida do paciente, como diz Ey (1978).

Além de serem reminiscências do período do "pequeno-perverso-polimorfo", quando ocorreu o trauma sexual (no primeiro tempo), na vida adulta (no segundo tempo) o paciente tornou seu comportamento impulsivo, como afirmaria Freud (1989).

Fenichel (2001) diz que um compulsivo sexual tem conhecimento sobre sua compulsão, porém não apresenta domínio sobre ela, sendo, portanto, dependente da compulsão; e isso ocorre com José.

Fenichel define os *"love addicts"* ("adictos de amor"), como sendo os indivíduos que se alimentam de afeto, para se sentirem amados e queridos, cuja finalidade é meramente a gratificação e são estes adictos de amor que constituem os indivíduos hiperssexuais e candidatos a distúrbios obsessivos/compulsivos, protegendo-os da intranquilidade e da depressão.

Pode-se dizer nesta perspectiva que a manifestação sintomática de José é a busca do afeto do pai, pois fantasiava que seu pai não gostava dele.

Então, é desta forma que José se comporta quando vai a cinemas, pois precisa ouvir de seus parceiros que é bonito, que gostam dele, que é inteligente, ficando mais excitado por essas falas, chegando ao orgasmo.

Em relação às etapas de Carnes e Sheider (2000), sobre comportamento compulsivo sexual, José as preenche completamente, ou seja: ele se *preocupa* com pensamentos de sexo, *criou uma rotina* para satisfazer seu comportamento sexual, *sente incapacidade de controlar seu desejo* por isso tem gratificação sexual mediante o ato sexual em si, quando se retira do cinema ele manifesta desânimo, *impotência e desespero* tendo noção que no outro dia tudo ocorrerá novamente.

Foi submetido a uma "reunião de apoio", sendo vítima ouvinte das mais difíceis palavras, pois estas vieram de seus pais, irmã, pastor, casal de amigos, além da mulher. Estava, a meu ver, indefeso numa cena inquisidora, esperando se seria sentenciado a ser queimado na fogueira do inferno psicossocial, como alusão à "Lenda do grande inquisidor" de Dostoiévski (2008). Sentiu-se profundamente envergonhado e infeliz por viver tal situação, buscou se tratar obsessivamente, o que ampliou sua angústia em estar "doente".

Atualmente desconfia que já perdeu algum emprego por viver "paquerando" sem disfarçar tal atitude. Um indivíduo que apresenta compulsão sexual pode ter sérias complicações sociais, como desafetos com amigos, problemas policiais, perda da reputação moral e profissional, problemas familiares, problemas matrimoniais, constrangimento de ordem pessoal e desadaptação geral, entre outras.

Contudo, atualmente seu segredo está revelado às principais

pessoas do seu meio. Não se sente mais refém, mas ainda constrangido. Este também é um achado comum na clínica do impulso sexual excessivo, ou seja, só no encontro com a "lei" do real, do grande outro, pelas atuações sintomáticas repetidas é que emerge a angústia suficiente para iniciar um tratamento analítico.

Freud em seu texto "Construções em análise" demonstra que um material reprimido pode gerar reminiscências constantes, que são repetições de reações que datam da mais tenra infância, ou seja, de lembranças que sempre estão voltando ao mundo psíquico do adulto, buscando uma possível reconstrução ou restauração das pulsões envolvidas. Cada novo encontro que José mantém com homens, a partir do cinema, é uma tentativa de restaurar sua potência ou domínio psíquico do material roubado pelos abusos sexuais que sofreu anos atrás. Portanto, é possível dizer que José sofreu uma falha no processo de formação de seu ego ou de sua identidade.

Freud, contudo, propõe que a pulsão rege a vida mental e autônoma (vegetativa) de um sujeito e que esta pulsão tenta recriar uma experiência anterior, geralmente vivida na vida erótica infantil mais pregressa.

Esta pulsão, no caso de José, experimentada por meio de abuso sexual, lhe imprimiu um modo *constitucional de se erotizar*: mediante a descontinuação da repressão (ou do autocontrole) em sua vida erótica adulta, libera a pulsão e recria ou revive a sensação que está gravada em seu mundo mental, ou seja, a criança do passado tentando reexperimentar, no adulto, o prazer.

A isso Freud chama de "compulsão à repetição", que através do processo analítico, uma vez ressignificado pelo paciente, pode represar ou conter de forma consciente, assim controlando a vazão da pulsão de uma forma lúcida e não impulsiva. O ego fortalecido no controle.

A psicanálise sinaliza com a possibilidade de uma melhor qualidade de vida.

A proibição social aos desejos sexuais pode levar à dificuldade do paciente em integrá-los em sua vida adulta, seja qual for sua orientação.

Portanto, parte do comportamento compulsivo de José deve-se possivelmente à repressão de desejo homossexual, que por outro lado escapa, fazendo-o atuar numa sexualidade compulsiva com os corpos de homens, num relacionamento sexual desprovido do afeto, este, reprimido.

O paciente, a contar de hoje, passou a metade de sua vida tendo orgasmos com anônimos dentro de cinemas pornográficos praticamente todos os dias. A característica do sintoma compulsivo sexual favoreceu a manifestação de uma grande angústia, fazendo que a possibilidade de um tratamento tivesse início apenas ao esbarrar na "lei", ou melhor, no princípio da realidade e não somente no princípio do prazer.

Além da teoria psicanalítica envolvida na escuta desta análise, a supervisão com o psicanalista Ernesto Duvidovich foi decisiva para a construção do tratamento desse paciente.

O percurso dessa análise, apesar de ter sido árduo, foi bastante relevante e gratificante, pois obstáculos são para serem vencidos, ora com maior, ora com menor dificuldade. Tentei fazer o melhor que estava ao meu alcance.

Sobre o fracasso do sintoma fóbico

Arnaldo Domínguez de Oliveira

> "A loucura, objeto dos meus estudos,
> era até agora uma ilha perdida no oceano da razão;
> começo a suspeitar que é um continente"
> Machado de Assis, *O Alienista*

Como viver sem obedecer a padrões? A *revolução de quinta-feira*?

"Há coisas que exigem véus", afirma Dolmancé, em *A filosofia na alcova*,[1] quando se retira para a toalete com um dos participantes. Dolmancé é o agente executor do mal, ordenado pela mandatária Madame de Saint Ange, senhora da encenação e do discurso, realidade social da comunicação, uma mestra, aquela que obtém a verdade do trabalho de um outro – o escravo.[2] Mas o véu visa a deixar a verdade enquanto não toda dita para manter algo velado. Afinal, somos todos submetidos à castração.

Todavia, venho perante vós, convocado a prestar conta de uma clínica psicanalítica, que é concebida como "uma experiência de saber que se apoia sobre o sujeito como um ser do

---

1 SADE, Marquês de. *A filosofia na alcova*. São Paulo: Iluminuras, 2014.

2 "También el jugador es prisionero/ (la sentencia es de Omar) de otro tablero", diz Jorge Luis Borges, em seu poema "Ajedrez".

desejo".[3] E, então, transmitido esse saber, "se um outro não a puder refazer após sua comunicação a respeito, ela de nada serve".[4] Porém se trataria de uma comunicação verdadeira? Testemunhada de fé?

Claro está, suponho eu – salvo para aqueles que transformam um livro em palavra sagrada e inquestionável –, que nenhuma linguagem poderia dizer o verdadeiro, pois, se pudesse ser dito, ele seria intolerável. Afinal, ao falarmos "verdade", somente nos referimos à linguagem.

Trago, então, um saber incompleto ao qual lhe faltará a verdade do sujeito para sua total realização e, com isso, lhes transmito a expectativa de que cada um/a, servindo-se, possa vir a saber sempre algo mais.

Eu, também, me servirei dos mestres da Psicanálise e da Literatura para tratar de confrontar a tragédia subjetiva da clínica com a irredutibilidade do sujeito. Ciente de que, em qualquer comunicação, haverá algo que escapa para sua absoluta formalização destinada à transmissão de um saber. Como já disse, somos todos castrados.

Eu lhes contarei, a princípio, uma síntese de minhas abordagens sobre o posicionamento fóbico ao qual todos nós, *mutatis mutandis*, estamos submetidos em função da contingência subjetiva. No caso em questão, estava muito bem escamoteado.

A fobia se constitui como um sintoma de defesa, portanto, também ela é metafórica e visa à prevenção de um eu rudimentar em situações que beiram o abandono – traço, dessa forma, uma diferenciação com a condição filogenética humana

---

3 LAURENT, Dominique. "O sujeito e seus parceiros libidinais: do fantasma ao sinthoma". In: *aSEPHallus*, revista eletrônica do Núcleo Sephora de pesquisa sobre o moderno e o contemporâneo. Ano 1, n. 2, maio-out. 2006.

4 LACAN, Jacques. *As psicoses* (1955-56), Seminário 3. Rio de Janeiro: Jorge Zahar Editor, 1992.

descrita por Freud: o desamparo. Partindo de minha clínica, eu chamo de "abandono" aquilo que se dá quando o infante não pode contar, efetivamente, com um Outro acolhedor, auxiliador à vida, por diversos motivos singulares e, no entanto, consegue sobreviver graças a seu sintoma. A fobia é o primeiro sintoma que interveio na proteção de muitos/as analisantes e é paralisante, sendo, consequentemente, um obstáculo para o ato – inclusive, o analítico: estado de derrelição. Mas, vez por outra, esse sintoma fracassa e é sobre essa questão que pretendo me debruçar a seguir.

O que a clínica me ensina? O fóbico é, antes de mais nada, um sujeito angustiado, pois está sob a ameaça devoradora do Outro e, portanto, nos confunde inicialmente, sendo capaz de emitir enunciados que possam sugerir uma psicose. Por outro lado, é reservado e desconfiado, tornando o vínculo transferencial muito formal e distanciado, assemelhando seu posicionamento estrutural à neurose obsessiva.

Narrarei alguns episódios trágicos trazidos por um analisante que me procurou numa situação inusitada – eles me permitirão produzir algum saber sobre esse tema – e os descreverei amorosamente, porque este é o afeto transferencial que logramos atingir e que eu conservo intacto. A análise é, por fim, uma experiência amorosa. E, se faço desde já tal ressalva, é para esclarecer que não relataria pormenores de uma existência humana por considerar que cada qual tem de poder escrever ou reescrever sua própria comunicação posto que a análise não é, em absoluto, um lugar de pobreza simbólica (salvo para alguns casos que recusam se submeter à regra fundamental. Ou quando a vontade de gozo torna inoperante o desejo do analista).[5]

---

5 BRAUNSTEIN, Néstor. *Gozo*. São Paulo: Escuta, 2007.

Se, por acaso, alguém identificar o analisante sobre o qual relato (ele não foi nenhum anônimo), peço que o trate com os mesmos respeito e carinho com os quais eu pretendo, aqui, a ele me referir.

M. participava das turmas que acompanhavam minhas aulas e seminários de psicanálise e, certo dia de outono, no final de um dos encontros, pediu o meu contato telefônico, ligou no mesmo dia e compareceu de imediato.

Implicado na temática da lógica ou a arte de pensar e/ou imbuído dos poderes da razão, aquele homem maduro e estudioso, cujo nome próprio homenageava um "mito" do monoteísmo, veio até meu gabinete e disse claramente o porquê de me escolher para ser seu parceiro psicanalista, acompanhando-o até o momento final de sua convicção ainda irresoluta: "Decidi me suicidar – alertou – e, dentre os docentes psicanalistas que conheci, sei que você será o único capaz de respeitar meu desejo sem cometer a violência ética de tratar de me dissuadir".

Investigador profícuo da teoria do conhecimento estudada na obra de inúmeros autores, ele se autoatribuía a possibilidade de compreender a natureza do verdadeiro e do falso; e o espírito que é preciso para distinguir um do outro. Respeitava, outrossim, a impossibilidade de estabelecer regras capazes de dirigir o pensamento alheio, o que, caso ocorresse, acabaria por torná-lo proscrito. Eu havia realizado a avaliação semestral de seu último trabalho, produzido durante sua formação em Psicanálise, e sentia profunda admiração pela sua elevada articulação intelectual. E me consta que esse sentimento não era, fatalmente, uma exclusividade minha no instituto.

Todavia, a comunicação da decisão suicida, amalgamada ao lugar "único" em que me colocara à queima-roupa, causara em mim um impacto imediato e indisfarçável. Desrespeitar um desejo alheio introduzindo no lugar um "meu" seria, sem dúvida alguma, uma violência ética, um abuso transferencial. Mas era a primeira vez que me encontrava frente a frente com um ser humano decidido a pôr fim, conscientemente, a sua própria existência. Não me refiro a pensamentos suicidas, senão à resolução de um devir sobredeterminado.[6]

Havia razões para tal decisão, segundo ele. E passou a enumerá-las, primeiramente a partir de suas reflexões. Citou Sartre como uma ilustração: "Nós estamos condenados a ser livres" e não há possibilidade de não escolher. O homem escolhe seus próprios valores e é responsável por isso. Afinal, estamos sós e sem desculpas!

Citou Lacan que, em 1946, disse:

> Fora de ser 'um insulto' para a liberdade, [a loucura] é sua mais fiel companheira e segue como uma sombra o seu movimento. E o ser do homem não só não se pode compreender sem a loucura, senão que não seria o ser do homem se não levasse em si a loucura como limite de sua liberdade.

Opunha-se, assim, Lacan à tese de seu amigo Ey, que afirmava: "As enfermidades mentais são insultos e empecilhos à liberdade". E completou: "Não há moral sem autodeterminação, sem autonomia da vontade, sem livre-arbítrio".[7] M. concordava com Ey e discordava de Lacan: o homem recebe as determinações de si mesmo, sendo, dessa maneira, livre e autodeterminado.

---

6 Lacan: "no estava limitado. Respetaba las vocaciones de sus pacientes y no estaba obsesionado por um ideal de curación ni de normalización. [...] Los no-incautos son aquellos que pretenden conocer el fondo negativo de las cosas y que niegan cinicamente la posibilidad dela emancipación" (BADIOU; ROUDINESCO, 2012).

7 Propositalmente, não registrarei as referências bibliográficas dessas citações, pois foi M. que as trouxe manuscritas de próprio punho. Considero se tratar de parte de seu legado que nos transmite e impulsiona à continuidade da pesquisa.

Entretanto, na clínica, não havia nada para se discutir sobre a teoria, e eu estava ali, sentado à sua frente, obrigado a ouvi-lo sem poder debater. Não era uma aula, embora, certamente, o lugar transferencial e contratransferencial fossem, inicialmente, professorais.

"Para Lacan, o homem não é livre", eu poderia ter argumentado se fosse em minhas aulas, pois esse era o teor de um texto que lhes apresentei nalguma delas. Texto extraído, por sua vez, de outra aula que eu próprio tivera anos passados com meu mestre, o já falecido Marcio Peter de Souza Leite, quando ele também apresentara um debate entre Ey e Lacan.[8]

O homem é atravessado pelo significante e é nesse ponto que a liberdade se articula com a loucura. Lacan, no texto "A ciência e a verdade",[9] nos aconselha a resistir à magia, à religião e à ciência, pois todas elas negligenciam a particularidade do sujeito.

Como se escutasse meus pensamentos, M. citou Hannah Arendt: "O homem não contempla mais a natureza, mas age sobre ela". E, por instantes, ficamos em silêncio, num estado contemplativo. A ciência (da verdade como causa) não quer saber nada: Forclusão.[10]

Nos despedimos agendando outro encontro para a mesma semana. Ele me alertou que vivia de uma bolsa de pós-doutorado e que só podia pagar um valor determinado (por ele). Cobrei-lhe um pouco mais, retornando ao divino Marquês (mais um esforço!) e aceitou. Então, inevitavelmente, tive a esperança

---

8 Posição do inconsciente. Intervenções condensadas em março de 1964, a pedido de Henri Ey, para o livro sobre o congresso, *L'Inconscient*, publicado pela Descleé de Brouwer em Paris em 1966.

9 LACAN, Jacques. *Escritos*. Campo Freudiano do Brasil. Rio de Janeiro: Jorge Zahar Editor, 1998.

10 Idem.

– não posso denegar esse afeto – de que eu, o analista, poderia vir a ser "A" Sherazade e construiríamos, a partir dali, as mil e uma sessões. Um Salvador!?

Quando saiu, ainda pensei algo assim: a verdadeira liberdade humana provém da consciência que o sujeito pode ter de não ser livre em virtude do que Freud denominava a "sobredeterminação psíquica". E constatei que eu havia mordido a isca e precisava me recompor para recebê-lo, no encontro seguinte, menos afetado.

Ao retornar, contou-me que já estava em tratamento com um colega (que também havia sido meu aluno) e que se sentia muito atraído por ele, o que impedia que se estabelecesse um vínculo terapêutico confiável. Além do que, o analista também retribuía seu olhar com gestos que lhe resultavam obscenos, para dizer o mínimo. Aparecia aqui, evidentemente, um receio ostensivo de que o Outro fosse incapaz de sustentar uma posição ética. E, então, fez mais sentido o lugar em que me colocara: único (digno de confiança). Não seria uma idealização, precisamente, uma demanda desesperada?

Fez sua escolha: decidiu comunicar ao analista o encerramento da análise "atolada" e dar continuidade comigo, pois seu objetivo estava definido e concreto. A questão era falar até determinar o momento preciso para o desenlace final.

E por que essa decisão?

Porque, em razão do HIV positivo de longa data, M. sofria do efeito colateral da medicação antirretroviral que lhe provocara uma severa osteomalacia.

– Eu me quebro à toa! – ele disse.

– Você se quebra? – interroguei, apostando na associação livre.

A resposta foi "viral":

– Não me venha com Lacan outra vez!

Não havia saída.

A partir do terceiro encontro, contou episódios da "pré- história" familiar marcados por atos trágicos que situamos na categoria do "escândalo". O avô paterno, gaúcho da fronteira, havia desaparecido de sua fazenda junto a seu primogênito, deixando a mulher abandonada com seus filhos pequenos. Ela deu carta branca para o peão da fazenda ocupar o lugar do marido – até na cama. Três anos depois, o avô regressou de sua aventura e, ao encontrar a cena da traição, tirou o facão da cintura e cortou a própria garganta na frente de todos.

Depois, o peão virou padrasto violento e os herdeiros tiveram que crescer para poderem fugir, salvar-se e salvar a mãe da fúria daquele homem.[11]

O pai, que era caçula, foi entregue a uma família de uma cidadezinha do interior do Rio Grande do Sul, que o adotou. Ao se tornar um jovem adulto, ele se casou com a moça mais feia do lugar (tinha lábio leporino bilateral não operado), certamente para que ela jamais cometesse uma traição. Tiveram dois filhos, M. e seu irmão mais velho.

Então, o pai, que bebia muito, também ficou violento, agressivo com sua mulher e filhos. Numa ocasião, enquanto M. (que tinha nove ou dez anos) descascava uma laranja com um facão no quintal, chegou o pai embriagado e espancou a mulher. O filho mais velho correu à delegacia para pedir ajuda e a mãe perguntou, enquanto era espancada: "E você não vai fazer nada!?". Pergunta que parece transmitir uma assertiva: você é esse, o que não vai fazer nada!

---

11 Temas sobre o Sul, a Guerra do Paraguai, o exército feroz e degolador do Duque de Caxias e o de Rosas, pelo lado Argentino. A farroupilha, os maragatos e alguma proximidade histórica com meu bisavô uruguaio que fugiu para não perecer (e salvar sua família). Dura história sangrenta aquela que nos aproximava geograficamente nas origens transmitidas à beira do fogão a lenha. Um gaúcho é um gaúcho. Muito cuidado para não invocar o *Analista de Bagé*, de Luis Fernando Verissimo.

Ele entendeu que se tratava da ordem de matá-lo utilizando a faca (era essa sua vontade?). No entanto, ficou paralisado. Mais uma vez, chegou a polícia e, com ela, outro escândalo envergonhado. E aumentava, insistentemente, a vontade de crescer para fugir dali e proteger a mãe que sempre vivera numa atitude depressiva.

Foi o que aconteceu. Um dia, o irmão levou a mãe para outro estado brasileiro e M. veio a São Paulo, onde pediu proteção numa igreja católica e a recebeu do padre, a tal ponto que acabou na cama dele, onde foi contaminado com o HIV.

Denunciado o sacerdote pelas beatas, o caso ficou público e saiu na primeira página de um jornal de grande circulação – e pensei, agora, que o escolhi para esta publicação com o objetivo de finalizar uma tarefa que M. me deixou por encomenda: restaurar sua dignidade de sujeito. Naquele momento terrível, ocorreu mais um escândalo e abandono. Dois significantes que ofereceram um arcabouço simbólico protetor, elemento metafórico constitutivo do que denominei "posicionamento fóbico". Eu recebi uma carta de agradecimento pelo rigor ético com que desenvolvi minha função de analista e sua tese de pós-doutorado inacabada como herança. Não farei mais suspense: o suicídio se concretizou.

Na juventude de M., quando o padre faleceu em decorrência da AIDS (e, talvez, também do escândalo), deixou como herança uma casa em seu nome, uma quantidade de dinheiro suficiente para que pudesse estudar e sua biblioteca com uma vasta bibliografia de Filosofia. Desde os clássicos aos contemporâneos.

Assim foi que ele percorreu um caminho intelectual de grande valor acadêmico. Uma potência plena.

Em 28 de julho de 2011, às 16h30, escreveu:

Quinta-feira,

Querido Arnaldo, infelizmente minha decisão não me alegra nem me comove, apesar de partilhar contigo um certo alívio. Hoje, depois da medicação do Dr. S., psiquiatra amigo do T., a Risperidona, tive uma noite de sono. Também aceitei sem hesitar o convite do U. para dormir na casa dele, pois ontem estava decidido a interromper isso de qualquer modo, mas achei válido adiar depois da nossa sessão e do que trabalhamos. Uma coisa que te agradeço é o de vc não tentar me demover com uma conversa do tipo "a vida é bela", pois ia achar uma chatice, uma pieguice, coisas que estão bem distantes de ti. Embora, como fez Caetano Veloso com os compositores Peninha e Fernando Mendes, considerados a suprema súmula do pieguismo, às vezes seja necessário um pouco de pieguismo para seguir adiante. Assim, me senti extremamente respeitado por vc ontem e valorizado, por isso te agradeço muito mesmo. Compramos um DVD da Amy Winehouse, que, do fundo do coração, adoro, e assistimos até cair no sono. Atendi hoje a V., que havia antecipado a sessão, portanto, não queria deixar nada inconcluso, além do estritamente necessário. Vou deixar com ela seu telefone, pois vc foi um analista que me tratou de verdade, e me trata com respeito e consideração, além de não me subestimar, em outras palavras, posso dizer que você me trata como uma pessoa inteligente. A princípio, aceito o horário das 13h amanhã, mas não te faço nenhuma promessa, pois hoje não estou movido só pela dor, ontem eu estava uma usina de dor aguda e intensa, hoje isso diminuiu e não queria ser movido somente pelo sofrimento. Ou seja, se eu tomar alguma decisão hoje, não será apenas porque não estou conseguindo mais suportar a angústia. Logo após o atendimento da V. (a confio em tuas mãos, ela é uma pérola do país Basco, uma joia iluminada), encontrei o M. A., que ia atender em seguida. Ele me convidou para almoçar com o M., outro amigo nosso do curso de formação, que me convidaram para dividir uma sala com eles. Há poucos dias, seria uma das notícias mais felizes de minha vida, já que eles são duas das pessoas de que mais gosto no mundo, além de ti, do M. B., do P., do U., de quem fui aprendendo a gostar, apesar de ele não ser a pessoa com quem eu namoraria, o que é uma infelicidade para mim, pois ele é alguém extraordinário. Infelizmente a pessoa de quem eu mais gosto é o S., que não quer mais saber de mim. Por ironia, o T. (analista do W.) era para mim uma referência, um dos meus professores preferidos e mais amados, por isso, indiquei-o ao W. De qualquer modo, T. tem uma linha de trabalho que ele chama parricídio (como no filme do Copolla: *Tetro*, que se passa em Buenos Aires) e ao fazer isso, ele destruiu minha imagem e presença junto ao W., que agora me diz "não há mais espaço para alguém como você na minha vida". Muito bem. O T. realizou mais um dos feitos dele, e quando quiser pode publicar uma segunda edição, outra versão do artigo dele [cita o título], só que num outro contexto... o da dependência psíquica. É isso, meu caro, estou dando sequência a algo bem prosaico e rotineiro como colocar a roupa na máquina de lavar e vou levar o N. [cachorro] para um passeio, enquanto ainda são 16h e há luminosidade. Na volta para casa, após o almoço com meus amigos, passei na frente de uma casa da av. Dr. Arnaldo, esquina com a rua Firmo da Silva, se não me engano, quase na rua Havaí, onde mora um cãozinho da raça Border Collie, que acho das mais lindas que existem e ele foi buscar o brinquedo dele na grama do jardim e trouxe até a grade, entre os dentes, querendo que fosse jogado para ele ir buscar. Não posso te dizer o quanto me deu alegria esse gesto dele, pois o admiro a distância, desde filhote, ele é uma graça, daí passei um quarto de hora jogando o brinquedo para ele entre as grades do portão e ele indo buscar e trazendo ofegante de felicidade, aproveitei para ficar sob o sol durante esse tempo, pois tenho que ficar no sol, sob prescrição médica, já que além da medicação antirretroviral ter me prejudicado os ossos, eu também me causei esse dano trocando o dia pela noite nos últimos quinze anos de mestrado, doutorado e pós-doutorado e, para completar, retirei por minha conta o leite de minha alimentação, então foi o que bastou para surgir um quadro de osteopenia, coisa que eu nem sequer imaginava que existisse fora de um episódio do Dr. House. Era isso o que eu tinha para te dizer, pois já está ultrapassando os limites de um mero e-mail, e se aproximando mais de uma consulta, pois fui me deixando levar.

Um grande abraço e muito obrigado pela partilha desses momentos incríveis.

M.

Ato seguido, M. retornou à av. Dr. Arnaldo junto ao seu cachorro idoso e cego, e pularam da ponte. Havia visitado seus pais, ainda vivos, ele novamente na fronteira e ela em Minas Gerais. Mas ambos não se importavam com outra coisa que não fosse o dinheiro que M. lhes remetia mensalmente.

A verdade da dor é a própria dor

> "Conviene que te prepares para lo peor"
> Mario Benedetti, *La muerte y otras sorpresas*

O "animal de rapina", conforme Lou Andreas-Salomé, seu amante Viktor Tausk (1879-1919),[12] também filho de pai tirânico e de mãe masoquista e perseguida, dedicou-se à Psicanálise na primeira geração dos discípulos do Mestre. Obcecado

---

12 ROUDINESCO, Elisabeth; PLON, Michel. *Dicionário de psicanálise*. Rio de Janeiro: Jorge Zahar Editor, 1998.

pelo ódio ao pai, adotou para com Freud uma atitude de adoração, rebelião e submissão e, por fim, o acusou de "roubar suas ideias".

Antes do suicídio, escrevera ternas cartas de adeus – também para Freud. No entanto, o "pai" da Psicanálise retrucou, numa mensagem enviada para Lou: "Confesso que não sinto realmente sua falta. Há muito tempo eu o considerava inútil e até uma ameaça para o futuro".

Eu tive a excelente oportunidade de levar à supervisão o "Caso M." numa daquelas sextas-feiras à noite do Centro de Estudos Psicanalíticos de São Paulo (CEP). O supervisor foi Plinio W. Prado Jr., que vinha de Paris 8, *Département de Philosophie*. Esse estudioso brasileiro acabava de publicar *A dívida de afeto*.[13] Seu escrito traz uma tentativa de refutar o mal de nosso tempo: o niilismo. "A impossibilidade de fazer o luto da presença passada (e de trazer de volta a sua força sobre o si presente, graças a novos objetos) chama-se melancolia", ressalta.

Prado reafirmou o ato ético de minha escuta analítica, registrado ao me ocupar pacientemente e me oferecer um lugar à decisão tomada por M.,[14] e, obviamente, a ele mesmo.

Concluiu ainda que o lugar escolhido para concretizar seu suicídio foi procurado levando em consideração essa homenagem endereçada a mim.

Diferentemente do ocorrido com Tausk, M. pôde escolher partir tendo efetivado, por via transferencial, as pazes com o pai. Posteriormente, eu recebi um envelope, via correio, que

---

13 *Revista Latino-americana de Psicopatologia Fundamental*, vol. 14, n. 1, São Paulo, mar. 2011.

14 "Una cosa es segura: el sujeto está efectivamente allí, en el nudo de la diferencia, toda referencia humanista se hace superflua, puesto que es a ella a la que le cierra el camino" – LACAN, Jacques. *Saber y Verdad*. Seminario 17. El reverso del Psicoanálisis. Buenos Aires: Paidós, 2008.

continha, concomitantemente, sua tese (inédita) de pós-doutorado e um segredo analítico que saberei guardar, porque é só "nosso".

Outro exemplo dessa categoria foi publicamente fornecido pelo escritor paulista João Silvério Trevisan, que também passou por meu divã nos anos 1990 e, depois de longo padecimento, e vários analistas, lançou, no ano 2018, um livro intitulado *Pai, Pai*, no qual perdoa, por fim, a brutalidade machista de seu progenitor, que pretendia torná-lo "homem", "na porrada", atitude preventiva da homossexualidade segundo o discurso do atual primeiro mandatário eleito do Brasil.[15]

O fracasso

> "Aquilo que hoje é objeto de uma fobia, no passado, deve ter sido também a fonte de um elevado grau de prazer."
>
> Freud, *Análise de uma fobia em um menino de cinco anos*

Herbert Graf, o pequeno Hans – cujo tema central durante o período narrado por seu pai, Max Graf, ao professor Freud, era o *"wiwimacher"* (o "fazedor de pipi") e cuja fobia simbolizada no cavalo[16] estava vinculada ao medo da mordida ou da queda –, morreu, em 5 de abril de 1973, em decorrência de uma queda. Ele sofria de um câncer nas vias urinárias.

Meu analisante, que foi lançado a um lago pelo pai desde

---

15 "Não há identificação possível ao significante positivo fálico. Para Lacan, a variável remete o furo ao significante perdido e a função recupera a perda. Dentro da perspectiva do grande pai, o significante perdido é ser homem". LAURENT, Dominique. "O sujeito e seus parceiros libidinais: do fantasma ao sintoma". In: *aSEPHallus*, revista eletrônica do Núcleo Sephora de pesquisa sobre o moderno e o contemporâneo. Ano 1, n. 2, maio-out. 2006.

16 Freud lhe deu um cavalo de balanço de presente em seu terceiro aniversário.

um penhasco, para que superasse seu horror ao afogamento e se tornasse "homem", também terá procurado realizar o ato de reencontro com seu pai já em outra dimensão?

Quando me refiro ao fracasso do sintoma fóbico, designo esse "ao pé da letra" de um acontecimento do corpo que não suporta ser desmetaforizado. A violência não tolera nenhuma simbolização dialética. Neste caso relatado, a "osteomalacia" age possibilitando chegar ao "osso de uma análise",[17] qual obstáculo intransponível.

Em conversas que eu e o psicanalista Eduardo Amaral Lyra mantivemos durante a preparação deste escrito, pessoalmente e por mensagens, recebi dele uma tradução dos textos de Hume on-line, dedicada ao professor Cassionei Petry, escritor e estudioso do suicídio em suas várias faces. Também Eduardo, citando Schopenhauer (*O livre-arbítrio*), perguntou: o suicídio seria o exercício supremo do livre-arbítrio?

O único ato que não é falho?[18]

Hume inicia o texto destacando o seguinte: "Até onde enxergo, as religiões monoteístas, a saber, as judaicas, são as únicas cujos fiéis consideram o suicídio um crime".

O psicanalista também o considerará dessa maneira? Eu soube, por meio de analisantes, que alguns colegas docentes fizeram críticas "intrigantes" sobre a minha direção do tratamento.

Em *Experiência e pobreza*, Walter Benjamin disse que a experiência sempre era comunicada aos jovens diante da lareira. Quem encontra ainda pessoas que saibam contar histórias como elas devem ser contadas? Quais moribundos dizem hoje

17 MILLER, Jacques-Alain. X Congresso da Associação Mundial de Psicanálise, seminário proferido em Salvador, em 1998.

18 LACAN, Jacques. "El acto psicoanalítico". Seminário 15 (1967-68), Versión Íntegra. Seminário no oficial de la Facultad de Psicología, Universidad de Buenos Aires.

palavras tão duráveis que possam ser transmitidas como um anel, de geração em geração? Quem tentará sequer lidar com a juventude invocando sua experiência?[19]

Atravessamos um tempo de "desordem" simbólica em que, fixados num certo "complexo de intrusão", padecemos da fobia social que torna ameaçadora a "imago do semelhante" e, assim, reagimos pela lógica do "cada-um-por-si". Eu considero a experiência narrada, referente ao pouco, mas significativo, tempo em que atendi M., uma "revolução". A revolução que só é possível pela via do encontro amoroso.

Cabe à psicanálise, na medida em que não seja feita inócua pelo antídoto do *establishment*, promover essa esperança. Temos muito o que fazer!

---

19 BENJAMIN, Walter. Experiência e pobreza. Magia e Técnica, Arte e Política. Obras Escolhidas, volume 1. Ensaios sobre literatura e história da cultura. São Paulo: Brasiliense, 1987.

Entre farturas e securas: o trânsito abismal dos transtornos alimentares

Silvia Marina Mendonça Prado de Melo

LAYLA – Primeiro tempo

Abri a porta e lá estava ela, linda, mas sem brilho. Tudo naquela moça era de uma beleza enigmática que chamava a atenção: olhos, cabelos, rosto, formas e, mais tarde, descobri que também a inteligência. Mas estava emburrada e muito, muito mal-humorada.

Tinha apenas dezesseis anos, na sala de espera sua mãe se postava sorridente ao seu lado.

Assim que me apresentei, sua mãe se levantou e se apressou em começar a falar, preocupadíssima com a menina mal-humorada e depressiva que tinha virado sua filhinha.

Com delicadeza, coloquei a mãe um pouco de lado pressentindo que ela atropelava a garota que emburrava sem voz. Desviei meu olhar e busquei o da menina, com um leve sorriso disse:

– Você é Layla? Vamos subir comigo?

Voltei-me para a mãe e expliquei que a chamaríamos se fosse o caso.

Subimos a escada. Na sala fechada, sentou-se à minha frente com um sorriso largo, nem sombra da garota fechada da sala de espera.

Marejou os olhos ao me dizer que pediu para estar ali: sentia-se mal, feia e incapaz.

Havia algo muito estranho em tudo isso, nada parecia coincidir. Simplesmente indaguei:

– Como assim?

Ela pareceu não me ouvir e seguiu falando:

– Meu pai é um grosso, minha mãe uma sonsa, tenho uma irmã idiota e um irmão vagal. Também eles ficam só comparando o moleque comigo, coitado! Sua irmã isso, sua irmã aquilo.

– Que isso ou aquilo?

– Todo mundo fica falando para eles que sou inteligente, boa aluna, vaidosa... Que deviam ser mais aplicados e blá-blá-blá, blá-blá-blá.

– É, não deve ser fácil ter uma irmã brilhante.

Formou-se um silêncio denso, pesado. Era nosso primeiro encontro, lembrei-me. Seu transbordamento inicial quase me fez esquecer disso.

– Por que pediu para vir aqui?

– Porque é tudo mentira! Uma fachada! Sou uma merda!

– Está me dizendo que se sente uma fraude?

– Eu não me sinto, eu sou! Eu não sou nada disso que eles falam! Tenho um monte de raiva de tudo e de todos!

Um silêncio sepulcral se formou. A fala irada se esvaziou, o choro secou, seus olhos se tornaram borrões azuis mergulhados num vermelho ensanguentado.

Nossos olhares se cruzaram e ela esboçou um sorriso leve.

– Desculpe!

– Tem culpa para ser desculpada?

Ela sorriu levemente, um pouco encabulada.

– No que acha que uma análise pode te ajudar?

– Não sei.

– Mas acha que pode?

– Acho.

A menina ficou econômica com as palavras, pensei.

– Pode mesmo – respondi. E ela quis saber como. – Primeiramente como um espaço para que possa falar disso tudo, depois vamos ver no que mais.

Ela sorriu, agora sem economia. Sorri também.

– Mas você vai ter que contar tudo para minha mãe?

– De forma alguma, só preciso falar sobre questões de contrato, ela que vai pagar, não é? Também preciso explicar um pouco como funciona para que seus pais permitam que você venha. Se acharmos necessário, vez ou outra podemos convidá-los para uma conversa, se isso for ajudar no seu tratamento. Eles precisam confiar no meu trabalho, porque têm o poder de decidir que você venha ou pare sua análise, já que você não tem como decidir isso sem o consentimento deles.

– Eles nem vão querer saber o que digo aqui, nem se lixam para mim. Não estão nem aí.

– Lá embaixo sua mãe não mostrou alguma preocupação?

– Ah! Acha mesmo? É que sua filhinha perfeita não pode chorar, ela não suporta me ver assim. Quer que eu faça teatro o tempo todo.

De sua voz, agora, transbordava uma braveza imensa. Seus olhos marejavam o tempo todo, às vezes de raiva, às vezes de dor...

– Se não encenar, o que aparece?

Layla gritou:

– Silvia! Eu choro e grito brava o tempo todo, fechada no quarto, tomando banho, quando estou só. Eles nem sabem, não ouvem, não querem. Em casa, nem falo com ninguém.

E amansando a voz, prosseguiu:

– Se chega visita, amigos dos meus pais, me tranco no quarto. Minha irmã toca piano mal pra caramba, me tranco no quarto. Nem lá tenho sossego, minha mãe fica batendo porque tem que falar alguma coisa, meu pai só olha pela maldita porta para reclamar da bagunça. Meu irmão "pentelho" leva os amigos lá, ele tem uma turma enorme, do condomínio, da escola, um saco! Daí, eu me tranco no quarto.

– E você, tem amigos?

– Minha única amiga de verdade morreu quando eu tinha 10 anos. Mas conheço um monte de gente da igreja e da escola. Você conhece o encontro de jovens da igreja católica? – acenei que sim. – Lá convivo com um monte de gente. Mas amiga, amigona de verdade, eu não tenho, ninguém pode saber quem sou de verdade, me odiariam.

– Você se odeia.

Ela chorou bem quietinha. Quase sem ar, sussurra:

– Você acha que pode me ajudar?

– Podemos descobrir isso juntas, o que acha?

Assentiu com a cabeça.

– Então quer voltar?

Layla acenou positivamente.

– Então vamos chamar sua mãe para combinar isso?

Ela, mais uma vez, assentiu com a cabeça e sorriu, chorando.

Então estávamos as três na sala. Foi difícil conter a verborreia materna, ela queria ver sua filha feliz de novo.

– De novo! – gritou Layla. – Eu nunca fui feliz! Agora só parei de fingir.

A mãe suspira e pede que eu ajude a menina, conta que eles fazem de tudo para não faltar nada aos filhos, se desdobram, mas é difícil. Preocupa-se com o valor das sessões, tempos difíceis... Facilitei um pouco o valor, ao que ela foi eternamente grata, mandando-me guloseimas vez ou outra, de modo a me adoçar o paladar. Isso era mais frequente nos dias de pagamento, queria certamente completar o valor que não podia pagar, mostrando gratidão. Esse fato tomou mais sentido depois, porque em torno da comida vários episódios importantes vieram para análise. Voltaremos a isso.

Layla retorna.

– Você viu como é minha mãe? Tenho vergonha! Ela não é jovem como você!

Tínhamos a mesma idade, mas não falei nada.

– Viu como se veste? É uma cafona!

– Cafona? – repito.

Rimos juntas da expressão que usou.

– Cafona é do tempo dela, né?

– Como gostaria que ela fosse?

– Então, tentei, mas não adianta, ela só usa essas coisas fora de moda. Acredita que ela nem me ensinou usar um absorvente? Tudo eu tive que descobrir com os outros, até que tipo de sutiã deixa o peito mais bonito. Ela só usa aquelas coisas que deixam o peito murcho.

Layla segue me contando sobre sua impossível identificação com a figura materna, a imagem feminina positiva que traz está vinculada com uma tia e com a avó, que classifica como elegantérrima! Mas reclama que sua avó, embora amorosa, a carregava para chás e concertos monótonos e a expunha como um troféu para as amigas. Preço que tinha que pagar pelo fato de ela ter a grana para ajudar nos seus estudos e seus mimos, já que o pai tinha falido como diretor de uma empresa (foi demitido) e abriu um negócio junto com a mãe, um restaurante que nunca deu muito certo, na sua avaliação. Seu padrão de vida mudou muito, teve que ir para uma escola de menor custo, parar o ballet, o sapateado e o piano. Mas a avó garantia a maquiagem, algumas roupas, e no começo do restaurante pagou até a mensalidade da nova escola para os três netos.

A perda da escola na qual estudou dos três aos doze anos foi muito dolorosa e ela culpa o pai pelos choros e traumas que isso provocou. Diz que ele tinha um sonho e obrigou todo mundo a sonhar com ele, sem perguntar se queriam. O sonho dele era um pesadelo para ela, e por isso ela nunca o perdoaria.

A mãe se preocupa porque Layla perdeu muito peso, parou de comer carne, aliás, segundo relatou, parou de comer quase tudo. Levou-a a um médico, para quem ela descreveu sua alimentação, ao que ele respondeu que sua alimentação era mais saudável do que a da maioria das pessoas. Ainda assim, a mãe me relata que ela vem perdendo peso desde antes de eu conhecê-la.

Em cerca de dois meses de análise, Layla resolve me contar sobre um segredo: ela estava contando calorias! Compulsivamente, não conseguia parar! Tudo o que comia, o que era realmente quase nada, ia para uma lista de calorias ingeridas a mais!

— Fui numa ginecologista — me relata numa ocasião. — Ela falou para eu te contar que faz seis meses que não menstruo. Pediu um monte de exames, mas disse que quer falar com você porque acha que estou com anorexia.

— E você também acha, não é? – perguntei.

— Antes achava que era encanação da minha mãe, porque eles querem que a gente coma de tudo, que coma certo, na hora certa e ficam enchendo. Mas quando soube que a interrupção da menstruação poderia ser por isso, fiquei encanada. Ninguém sabe que fico contando colorias, só contei para você. Acha que é anorexia?

— Pode ser, sim.

A interrupção da menstruação nos oportunou um profundo trabalho sobre o feminino, Layla não queria crescer, estava assustada, não queria ter que se ligar a ninguém, tinha medo de namorar, dizia que era romântica quando ficava pensando, mas que só de pensar já decidia que não queria que ninguém tocasse nela, nunca ousou seguir nesses devaneios. Todo seu movimento era no sentido de negar o feminino, sem limites.

No início da puberdade, ela usava tops apertados ou camisetas largas, para ninguém perceber que estavam crescendo os seios, não queria menstruar, e quando isso aconteceu estava com quase quatorze anos.

– Foi horrível! Não tinha mais volta! – vociferou.

Foi nessa época que começou a engordar e começou a se sentir horrível.

– Layla, seu corpo se transformava, estava se tornando uma mulher.

– Esse é o ponto.

– Perder peso é continuar se escondendo, sumir como mulher aos olhos do mundo.

– Preciso te confessar, eu sei que estou muito magra, a balança diz, parei a academia e perdi músculo também, mas quando olho no espelho... – Layla fez uma pausa, respirou fundo, e falou. – Sempre tem um pouquinho de gordurinha que preciso perder. Essa coisa de anorexia é grave, né? Pode até matar. Mas também nem sei se não quero morrer.

– Matar a mulher que nasce em você.

Seguimos por este trabalho até que Layla se dá conta que esteve assustada com as novas formas do seu corpo, o quadril se alargando, a cintura, os seios. Achou que estava assim porque estava ficando gorda e começou a parar de comer.

Um dia, faz um relato que a surpreende.

– Não consigo não tomar o café da manhã, é a única coisa legal que meu pai faz para todos em casa, ele põe a mesa, corta frutinha para cada um, o suco de um, o leite do outro, o sanduíche de todo mundo, faz tudo logo cedo. Sabe, durante a semana, ele que vai ao mercadão comprar as coisas para o restaurante, daí já compra as coisas de casa. Escolhe o que a gente gosta e se lembra do gosto de cada um.

— Isso é um carinho.

— É. Mas ele estraga tudo com seu mau humor. Como consegue ficar de mau humor às seis horas da manhã? Hoje ele passou pela porta do meu quarto e foi logo berrando! Guarda essas roupas! Fecha as portas do seu armário! Olha que monte de sapato espalhado! Eu só estava escolhendo o que vestir, sabe, tenho poucas roupas que me servem, está tudo largo.

Layla marejou os olhos, mas logo se recompôs e falou raivosa:

— Resultado: hoje não tomei o café da manhã!

— Para atacá-lo?

— Acho que sim.

Era para ambos, pai e mãe, que Layla mandava seu recado: se não me dão amor, rejeito sua comida.

Na conversa com Layla, misturavam-se angústia, culpabilidade, autoagressão e agressão ao outro – ao pequeno e ao grande Outro. Havia sempre um desejo a anular e um movimento a destruir.

É perceptível em pacientes com transtorno alimentar um modo peculiar de se relacionar com as palavras. Seu trato com a palavra falada se dá de forma alienada e gera pistas de sua dinâmica pulsional.

Há que se chamar a atenção para a agressividade verbal de Layla, nesta época ela não vomita alimentos, já que pouco ingere, em vez de alimentos, vomita palavras, o que é muito significativo em relação à sua angústia.

O que há de peculiar neste caso é a qualidade verbal da garota, o que nos coloca um passo a frente em seu tratamento. É comum que as anoréxicas se recusem a falar, retirando o valor das palavras como fazem com o sabor dos alimentos e as expressões afetivas.

Mas algumas características persistiam em Layla: sua recusa à feminilidade e manutenção de sua recusa a definir-se rumo à vida adulta.

Layla me trazia, a conta-gotas, provas da gravidade de seu sofrimento. Numa sessão, relata mais um bocado disso.

– Silvia, ontem eu fiz uma coisa que acho que tenho que te contar.

Silêncio.

– Lembra quando te contei que sempre fico chorando no banho? Às vezes estou tão nervosa, ou tão triste, ou com tanta raiva, que vou tomar banho para chorar, a água me acalma. Ontem tive um impulso, peguei uma gilete e me cortei. Não se preocupe, ninguém vai ver, cortei num lugar escondido. Mas aliviou ver o sangue escorrendo.

Layla chora compulsivamente neste momento, não quer mais fazer isso e me pede ajuda, quer mudar tudo! Quer comer e parar de se judiar.

Depois de muitos relatos de vivências de vazio e desamparo profundos, que resultaram por vezes em *acting-outs* como condutas de automutilação, pensamentos de que seria melhor morrer (já que dizia não ter coragem para se matar), Layla começa a mudar sua posição subjetiva.

Numa sessão entra comendo, traz um enorme saco de pipoca doce! Com um sorriso maroto, típico de uma criança fazendo arte.

Assim, sorrindo, começa a contar sobre sua manhã. Como de costume, o pai preparou o café da família e ela comeu bastante, pensou que era bonitinho ele cuidar deles assim, ele cortou o melão exatamente como ela gostava, recebeu isso como um carinho. Disse que não gosta de mamão, porque tem gosto de vômito. E riu.

– Antes disso – seguiu contando – ele me encheu por causa do quarto, aí falei para ele: bom dia para você!

Ela sorriu para mim e disse que o pai tinha ficado sem graça, respondido com um bom dia meio seco e seguido para preparar o café.

Layla recuperou o peso e a vaidade, fez um corte diferente no cabelo e retornou aos encontros dominicais da igreja, onde havia se afastado por vergonha, já que todos estavam falando da sua magreza.

Excelente aluna, em seu boletim constava nota máxima, ou quase, em todas as matérias. Irritava-se quando não tirava dez e era bastante competitiva com os colegas, precisava sempre constar na lista dos melhores, de preferência em primeiro lugar.

Um dia, sua mãe ao buscá-la me disse:

– Agora ela deu para querer que eu me preocupe com o boletim dela, e precisa? Por quê? Ela tira só nove ou dez!

Layla lançou lhe um olhar fuzilante e falou:

– Não quero que você se preocupe, quero que você se importe!

Era o começo da cura. Layla começa a aprender o que pedir, dirige aos pais a demanda de amor que não sabia expressar, e começa a ceder à curiosidade diante do feminino e à entrada no mundo adulto.

No tratamento psicanalítico, a atualização dos processos primários exaltou o lugar da oralidade alimentar e da autoimagem. A constituição de um espaço interior, finalmente, veio assegurar as condições de uma nova imagem narcísica e, a partir daí, a paciente pôde encontrar um regime alimentar equilibrado e as atividades físicas que lhe eram necessárias, devagar foi parando de atribuir ao exterior a causa de seus problemas e, portanto, percebendo que não encontraria fora de si mesma a solução de todas as suas dificuldades psíquicas.

Contamos com alguns anos de análise, passou no vestibular e começou a cursar medicina numa universidade pública, aos dezenove anos começa a namorar Patrick, um colega da faculdade, com quem venceu seu desencanto e ausência de sexualidade.

Aos 21, encerra sua análise por ocasião de uma oportunidade de cumprir parte de seus estudos no exterior.

LAYLA – *Segundo tempo*

Alguns anos depois, Layla me manda uma mensagem do exterior – estava morando na França –: precisava de uma orientação para ajudar uma amiga em apuros. Parecia testar minha disponibilidade, já que mais tarde me pede socorro, sugere uma ligação com vídeo pela internet porque precisa muito de ajuda: estava bulímica!

O que vi na tela do computador foi uma mulher de 25 anos quase desfigurada, rosto redondo, gordinha e cheia de espinhas. O desamparo e a solidão que relata justificam o vazio que a compulsão alimentar tentava preencher.

Depois de algumas conversas por esta via, ela retorna ao Brasil e retoma sua análise.

Numa sessão depois de um episódio de bulimia, relata quase serenamente:

– Eu não conseguia falar, não queria mais isso dentro de mim. Comi três coxinhas e duas barras de chocolate. Então te pedi ajuda! Posso continuar com isso, o que é horrível, ou começar tudo de novo. Eu sinto tudo isso como um fracasso, pensei que nunca precisaria voltar para a análise.

Segue falando.

– Nesse meio-tempo – me conta – aconteceu uma coisa horrível, um acidente levou minha irmã e meu pai ficou muito mal, agora está paraplégico, e voltei para ajudar minha mãe nos cuidados com ele.

Seguiu seu processo, entre as idas e vindas dos episódios de bulimia e os relatos pormenorizados sobre os progressos e impossibilidades do pai, constata que a mãe continua uma sonsa, mas agora fala penalizada:

– Coitada! Minha mãe não tem expediente para nada! Parece uma boboca, se ela o acompanha num médico, se esquece de perguntar coisas. Não posso deixá-la fazer isso sozinha! Então tenho que fazer tudo: médico, fisioterapia, nutricionista... E meu pai continua mal-humorado, só não fala mais porque não consegue, mas resmunga o tempo todo.

Com o tempo, percebe que a mãe segue sozinha à frente do restaurante e que, talvez, não seja tão boba assim. Começa a se dar conta de que é muito exigente consigo mesma e com os outros, que quer tudo do seu jeito, então, para não reclamar, prefere que sobre tudo para ela.

– Você enche seu o caminhão de pedras e reclama que a caçamba está pesada.

Sente-se culpada em relação à morte da irmã, sua morte enquanto estava fora lhe roubou a possibilidade de dizer que a amava.

– Nem te disse, mas depois que ela cresceu não era mais tão idiota, foi com quem mais mantive a comunicação enquanto estive fora. O que mais me faz sentir mal é que estava fora quando o acidente aconteceu, meu irmão ficou desesperado na hora, mas ele é suave e alegre, se recuperou logo. Minha mãe ficou ainda mais perdida, por isso parei tudo e voltei para o Brasil.

Sessão após sessão, segue seus relatos.

– Patrick estava comigo na França, ele estendeu a mão para tudo que eu precisava, mas arrumou um trabalho noturno para completar os custos, nossas bolsas de estudo mal davam para o mínimo. Ele saía entre seis e sete da noite e, quando eu ficava sozinha, comia feito uma louca, tudo o que via pela frente, quase tive saudade da anorexia. Foi assim que comecei a vomitar, com o tempo nem precisava do dedo na garganta, bastava abaixar e voltava tudo.

Volta ao presente.

– Estou morando com o Patrick, ele também voltou, estou levando o curso como dá, não consigo dar conta de tudo, que merda de médica eu vou virar? Minha casa foi ficando abandonada, cuido das coisas do meu pai, da casa da minha mãe, mas não cuido das minhas coisas, tenho preguiça de fazer tudo.

Um dia Layla entra na sessão e começa a falar:

– É sempre no começo da noite que como feito uma louca, quando Patrick sai para o plantão. Eu te contei que ele também passou na residência? A dele é melhor que a minha, eu estou numa residência "meia boca", mas pelo menos não tenho plantões noturnos. Já reparou como minha vida é desinteressante? Estou sempre ao lado de quem brilha mais.

– Trata-se de uma competição? – indaguei.

– Ai, Silvia, eu tenho uma preguiça... Tem sempre algo que me bloqueia, tenho preguiça de receber pessoas em casa e de ser agradável em ocasiões sociais. Só em pensar, fico sem assunto. Não consigo me expor. Se eu falo, vão descobrir quem eu sou. Por outro lado, sempre acho que o Patrick tem que saber quem eu sou, mas não deixo... Estou todo esse tempo com alguém que não me conhece. Ele não saca nada!!! Ele tem que saber, não quero mais me esconder dele.

– O que te parece tão escondido?

– Tenho medo de ser ruim, não ser interessante, não posso mostrar esse lado para ele. Eu construo uma imagem positiva de mim, que sou comprometida com a medicina, que sou confiável, não posso mostrar meu lado fraco para ele. Mas, também, ele não quer ouvir, fala que eu só reclamo.

– Esconde afetos como sempre fez.

– Pois é, voltei a querer poupar as pessoas, por isso vomito, vomitar é um ato solitário, ninguém fica sabendo, sofro sozinha para não falar.

– Resolve?

– Nada! Só vem a culpa e a vontade de fazer diferente, mas é ilusório, dura até o próximo vômito.

Noutra ocasião, Layla segue sua proposta sempre adiada de fazer tudo diferente.

– Hoje eu fui para a academia, queria correr pelo menos cinco quilômetros, eu sempre corria isso, sei que eu consigo, mas agora quase chego e paro antes. Aliás, faço isso com tudo, tenho que preparar um seminário e não termino, sempre me recolho antes de terminar meu turno no hospital, fico sempre me dando desculpas: Ah, mas amanhã eu acabo! Ah, mas amanhã eu completo os cinco quilômetros! Ah! Mas o Patrick nem vai saber.... Ah mas, ah mas, ah mas!

– A mais, A mais, A mais... [foi assim que escutei].

Silêncio.

– Foi o que eu disse – retrucou.

– Isso pode ser um lamento ou uma soma – insisti.

– Sempre adio... Amanhã vai ser diferente.

– Hoje é o amanhã de ontem.

Ela suspirou.

– O que desencadeia é o cansaço com a raiva, se passo do limite extrapolo.

Acrescentei:

– E a solidão...

Embora pareçam sintomas opostos, num mesmo paciente, a anorexia pode alternar-se com crises bulímicas, são dois lados do mesmo pêndulo. Estávamos tratando, portanto, de sintomas que remetiam às mesmas questões trabalhadas no primeiro tempo da análise de Layla.

Ela não trouxe à cena, como a maioria dos pacientes com transtornos alimentares, uma referência estética e social da imagem do corpo, mas todo um emaranhado complexo de identificações positivas e negativas. São processos muito arcaicos, cujo deciframento só pode ser trabalhado ao nos concentrarmos nos investimentos primitivos do intercâmbio alimentar, na época da construção de suas primeiras relações objetais.

Desta vez, no entanto, Layla não pareceu ter no sintoma bulímico a posição de defesa contra a sedução, uma dessexualização, que apresentava durante seu período anorético; já tínhamos ganhado algum percurso diante do desafio antes impossível do Édipo, mas ainda se refugiava no arcaico carregado pela oralidade, forma possível para Layla diante da ineficiência da castração.

Pensando com Lacan, esta ineficiência da castração pode tê-la deixado submetida aos desejos maternos, parece que a mãe descrita por Layla como apática e "sonsa", que se afigura deficiente na construção dos processos identificatórios da moça, contribuiu para a construção de uma fantasia de um lugar vazio que deveria ser ocupado por nossa protagonista – fantasma corroborado depois do acidente, quando se responsabilizou pelos cuidados com o pai, agora literalmente paralisado.

Piera Aulagnier afirma que a passagem do estado de *infans* para o de criança se acompanha de uma primeira diferenciação, a troca de mensagens entre a psique e o soma não se faz mais em circuito fechado: um destinatário externo passa a fazer parte dele. Este destinatário externo é a mãe, em suas funções maternas primárias, cujo exercício será modulado por seu investimento narcísico sobre o bebê. A palavra se interpõe entre a mãe e seu bebê como uma terceira pessoa. E a voz da mãe é acompanhada de sua própria corporalidade. À voz materna, somam-se outras percepções dos sentidos, o odor, o tato etc.

As primeiras experiências de aproximação e afastamento, fusão e ruptura, preenchimento e falta são importantes para a formação da subjetividade, porque ela começa a se articular através do espaço vazio deixado pela perda do objeto primordial, que assim deve passar a existir na interioridade, passando a ter um lugar no espaço intrapsíquico. Mas a carência dessa interioridade pode ter consequência nociva, por vezes até mortífera, como a exclusão da atividade libidinal da cadeia simbólica. A relação com a mãe pode tornar-se uma relação "tranquilizante", sendo um facilitador para a compulsão, numa tentativa de suplência da falta. Ou, como parece ser o caso em questão, uma carência simbólica que impede o deslizamento do desejo para outros objetos. Este era o recado: "Se não me dá amor, recuso sua comida", seja não ingerindo (anorexia), seja não digerindo (bulimia).

E o pai, inerte, não ocupou seu espaço, não exerceu seu papel completamente. Apenas repetiu o espectro de intercâmbio possível entre a mãe e a filha: o caminho da alimentação, que agora Layla lhe oferece na boca – isso também provoca a recusa de seus afetos ambivalentes.

Parece que ela achava que ninguém compreendia seus apelos e desconfortos, assim procurou, no alimento, o preenchimento deste imenso vazio interior que ambivalentemente desejava anular e cultivar.

Era preciso reencontrar, ou encontrar talvez, o caminho do desejo, restaurar sua capacidade desejante... Numa sessão o desejo se apresenta: Layla entra e lança mais uma vez um olhar como borrões azuis num mar de sangue e conta a novidade:

– Estou grávida!

Silêncio...

– Eu não quero esse filho! Não sei como aconteceu esse acidente!

– Acidente? – Indaguei, lembrando o acidente da família.

Seu inconsciente seguiu por outros caminhos:

– Está tentando me dizer que eu desejei engravidar?

– Não está mais aqui quem falou... – comentei, devolvendo-lhe a responsabilidade desta constatação.

Layla se joga no divã e segue a ponderar se contaria para o Patrick, ou se decidiria sozinha sobre ter ou não o bebê, fala sobre suas convicções religiosas e, por fim, se não é hora de lidar com a vida e seu movimento, em vez de lidar com a morte e a paralisia. Layla relatava sua briga interna entre Eros e Thanatos – suas pulsões de vida e de morte foram se apaziguando e tomando seus lugares na economia psíquica.

A medicina foi perdendo seu lugar de encanto, nunca esteve mesmo na linha de frente na vida, foi nascendo o espaço para o advento de sua gestação, Layla já não vomitava, nenhum enjoo e nenhum sintoma desagradável. Estava plena – plena era a palavra para designar sua ilusão de completude.

Sessões seguintes seguem em direção à formulação de suas decisões, queria se casar e formar a família em moldes bem diferentes das dela e de Patrick.

Durante a gestação e os preparativos para oficializar o casamento, além de Patrick, só havia uma pessoa com quem podia contar: sua mãe! E aprendeu sobre sua filiação a partir da própria maternidade.

Estava plena... Não queria mais análise. Não queria se haver com a falta e a castração e se foi.

Entrou em contato comigo quando sua filha nasceu, mandou mensagem com fotografia e contou sobre sua felicidade – sentia-se mãe!

LAYLA – Terceiro tempo
Sua filha estava com três meses e Layla me liga:
– Silvia! Não sei o que fazer! Minha filha não quer mamar, não aceita mais meu peito!
E vê, na filha, a repetição de sua própria vida.

***

Observação: Layla não existe, embora seja um caso de fato! Toda narrativa clínica, na verdade, é uma construção do analista, a partir de suas próprias experiências e suas próprias referências. Mas este caso descrito foi criado a partir de construções feitas em diferentes análises, com recortes clínicos de diversas pacientes que tinham em comum apenas os sintomas alimentares.

A verdade

Hercílio P. Oliveira Junior

Por palavras vazias
E flores azuis sem odor
Por pássaros silenciosos,
No céu sem estrelas

No centro da terra infértil,
Ele encontrou a verdade,
A verdade de um homem só.
Hercílio P. Oliveira Junior

Jejum

O jejum constitui um intrigante e notável esforço que pessoas de culturas e religiões das mais distintas realizam por razões que desafiam a compreensão lógica. Jejuar caracteriza um triunfo da vontade humana sobre os instintos mais primitivos de alimentação e manutenção da sobrevivência. Em termos biológicos, constitui uma vitória do cérebro complexo e desenvolvido evolutivamente em suas regiões frontais e temporais sobre suas regiões mais basais e primitivas. Este cérebro desenvolvido, em contraposição a outras espécies, permite ao ser humano avaliar, integrar informações, compará-las à experiência acumulada e planejar a melhor resposta, assim, nem sempre respondendo a ordem primordial instintiva de antecipação de recompensas e manutenção da espécie. Limitar esta ordem primitiva que nos impulsiona à luta, alimentação e sexo traz benefícios incontestes. Sim, não há vantagens na luta constante, na alimentação desenfreada, exposição sexual excessiva ou em desmedida exposição a risco para obtenção de recompensas.

Neste sentido, o jejum caracteriza uma prática cuja compreensão é desafiadora. Deste ato, em que ocorre um constante diálogo entre impulso e controle, indivíduos das mais variadas origens, etnias e religiões realizam um ato similar, carregado de variados sentidos e do qual retiram como resultante sentimentos complexos de realização e transcendência, que denotam sua fé, dedicação e disciplina. Esta prática é aprendida e vivenciada culturalmente ao longo de milênios e passada entre gerações. De acordo com a origem e aspectos culturais dos povos, o jejum pode ser praticado com sinalizações e rituais diversos. Os muçulmanos se dedicam ao longo do nono mês do calendário islâmico, o Ramadã, à celebração da revelação do Corão, livro sagrado ligado ao profeta Maomé. O início do Ramadã depende do ciclo da Lua crescente, cujo início deve ser apontado em cada comunidade a partir da observação cuidadosa da Lua. Ao longo deste período, que tem como significado abstenção em um sentido mais amplo que o alimentar visando renovação espiritual, os indivíduos, entre o nascer e o pôr do sol, não consomem alimento e bebida, exceto água e se dedicam de modo especial às orações e ações de generosidade com o próximo. Pessoas em condições especiais como crianças, idosos e mulheres gestantes ou em período menstrual podem se abster de jejuar. O Ramadã encerra-se com o Eid al-Fitr, um festival para quebra do jejum em que os praticantes sentem-se recompensados por terem concluído seu esforço.

Na tradição judaica, o Yom Kipur, que começa no crepúsculo do décimo dia do mês hebreu de Tishrei, que ocorre entre setembro, outubro ou novembro, constitui período aproximado de 24 horas em que os praticantes devem abdicar da alimentação e ingestão de líquidos, bem como de ter relações sexuais ou utilizar itens como eletrodomésticos e perfumes. Durante este período, há intensa prática de orações que seguem até o pôr do sol do dia seguinte. Novamente, o jejum é encerrado com uma celebração. No catolicismo, assim como em outras religiões, jejuar configura ato de penitência. Alguma forma de jejum geralmente ocupa o período da Quaresma e pode ser através da abstenção a algum comportamento ou tipo de alimento como carnes. De modo coincidente, o jejum de alimentos, em diversas religiões e culturas, é considerado apenas parte de um processo mais complexo que engloba vivências de fé, sacrifício e devoção. Geralmente, também em diversos contextos, a manifestação do jejum também se encerra com um ato festivo.

Dentro da tradição budista, o jejum é relacionado a diversas compreensões que podem ser bastante complexas e remeter a significados muito distintos. Na prática monástica, o ato de jejuar pode ser considerado uma prática "dhutanga", algo que significa despertar e buscar vigor. Diversas práticas alimentares são instituídas, como comer apenas uma vez ao dia e em quantidades limitadas. Particularmente, é notável como praticantes mais experimentados do jejum com orientação budista realizam um preparo, inicialmente com pão seco para preparar o estômago e trato gastrointestinal, para sobreviver por cerca de dezoito dias ingerindo apenas pequenas porções de água. Após o término do jejum, os praticantes seguem ingerindo apenas pequenas porções de caldos ou espécie de mingau para trazer o estômago e intestino de volta ao funcionamento. Outro dado interessante é que certas linhagens do budismo orientam seus praticantes a evitarem alimentos de espécies vegetais como cebola, alho-poró, cebolinha e alho. Estas espécies são consideradas como plantas pungentes e seu consumo não é recomendável.

Assim, em diversas religiões e contextos, este comportamento fascinante de jejuar é relacionado a um sentimento de pertencimento a um grupo ou comunidade cultural. A realização do jejum traz implícita a ideia de virtude, reforçando a presença e comunhão entre semelhantes. No entanto, qual a compreensão devida quando a prática emerge de uma só mente, na forma de um poderoso e irrefutável argumento "FAÇA!"? Quando partimos do universo de um indivíduo, os fenômenos grupais perdem relevância e a prática do jejum assume o papel contrário, produzindo incompreensão, isolamento e rompimento de laços com os demais. Trata-se do FAÇA de um homem só.

O homem em jejum

RCS tinha dezenove anos e veio junto com sua mãe para uma primeira consulta. Na época eu possuía poucos anos de prática psiquiátrica e iniciava os primeiros atendimentos em consultório. A minha primeira impressão veio da observação de sua atitude na sala de espera, observação que quase sempre é muito reveladora do que teremos na sequência do trabalho. Enquanto sua mãe, uma senhora de meia-idade, vestida com roupas coloridas, interagia e demonstrava interesse e expectativa pelo início do atendimento, RCS olhava fixamente para algum ponto na parede que se encontrava em frente, parecia distante e não interessado no que se passava ao redor e na experiência como um todo. Não aceitou água, café ou fez qualquer outro pedido. Ele estava bastante pálido e uma fina película de suor cobria seu rosto. Tinha altura acima da média e pernas e braços muito delgados que eram perceptíveis mesmo com roupas adequadas para um dia frio em São Paulo.

Todas estas lembranças fazem parte de um mergulho que realizo por hora na memória e nesta complexa tarefa de reconstituir o passado. Evidentemente, estas impressões não se traduziam de modo detalhado naquela tarde, mas eram expressas por um volume indecifrável de percepção que, de algum modo, se traduzia na expectativa de como seria este novo atendimento. Receber um novo paciente para atendimento em nossa área traz a perspectiva de um novo universo de uma interação complexa e desafiadora que pode ser associada ao emprego de importante esforço. No início, sempre há uma parcela de dúvida se a nossa ciência poderá abarcar o fenômeno que se apresenta. Algumas vezes, sem dúvida, suas origens, desenvolvimento e resultados podem extrapolar facilmente os fundamentos propedêuticos e de intervenção próprios da prática da Psiquiatria.

Eu cultivo a pontualidade, mas naquele dia atendia com atraso de cerca de vinte minutos. Enquanto atendia o último paciente antes de chamar RCS, a imagem daquele rapaz na sala de espera já me voltava frequentemente. Interessante como o trabalho pode iniciar previamente com a imagem e expectativa que temos sobre ele. Esta construção da imaginação possivelmente tem associação com o andamento do que se segue no processo de tratamento. Apesar de poder ser falaciosa e carregada de todos os preconceitos possíveis, trata-se de um primeiro espaço de interação. Enfim, após realizar orientação com meu último paciente, consegui iniciar a avaliação com RCS. Ao ser chamado RCS me olhou, parecia não demonstrar qualquer ansiedade ou estar apreensivo; ao mesmo tempo, sua mãe, denotando ansiedade, também se levantou e pediu para acompanhar a consulta. Entraram os dois em minha sala.

As minhas primeiras tentativas de estabelecer um contato direto com RCS foram infrutíferas, pois a mãe era detentora de suas palavras naquele momento. O fato interessante era que RCS parecia ter conferido uma procuração a sua mãe para que falasse sobre si em todos os campos existenciais possíveis. Ele produzia um lapso no tempo de resposta que permitia a inserção perfeita da mãe; de um modo impressionante, aquele modo de comunicação parecia complementar e articulado. Este grau avançado e sincronizado de interação entre os dois só me permitia neste momento conhecer RCS e sua história por ela. Seria como pensar em um primeiro momento em visualizar uma paisagem com outro colorido, mas, por vezes, apesar de não constituir a prática ideal, é necessário estabelecer esta modalidade de contato como primeira estratégia. Quando fiz a pergunta central sobre o que o trazia ao meu consultório e como eu poderia ajudá-lo, RCS fez um leve movimento com o pescoço em direção a sua mãe. Ela então seguiu a falar.

A sra. MCS descreveu que o motivo de buscarem ajuda era o fato de que seu filho, há cerca de três meses, sem apresentar quaisquer motivos, havia parado de se alimentar. Ela não entendia como isso estava acontecendo. Toda a família estava exasperada, haviam buscado todas as modalidades de ajuda possíveis como médicos, psicólogo, religiosos e até consideravam a ideia de levá-lo a uma benzedeira, algo que não fazia parte das convicções da família. Por mais que insistissem RCS se recusava a comer. Tentavam convencê-lo oferecendo algumas de suas mais variadas preferências alimentares como pizza, batatas fritas, sorvetes e tortas de morango. A resposta de RCS era sempre a mesma, não podia e não queria comer. O início de tudo havia ocorrido após um culto de sua igreja em um domingo à tarde, onde, após realizar determinados cânticos, RCS dizia ter tido uma revelação de Deus. Esta revelação era de que, para poder obter purificação e alcançar o reino de Deus, deveria jejuar por um ano. Ao chegarem em casa, após o culto, RCS foi para seu quarto e começou a rezar, recusou o lanche da tarde e também não quis jantar. No início, a família não deu maior importância ao que ocorria, mas na sequência dos dias, perceberam que havia uma determinação tão forte em seu propósito e começaram a ficar preocupados. Ele bebia líquidos e, com muito esforço, aceitava porções muito limitadas de alguns alimentos. Emagrecia dramaticamente.

A presença de certeza sobre algo, geralmente encarada como convicção, pode ser entendida em diversos contextos como uma robusta qualidade. No entanto, o que se passa quando esta certeza não é compartilhada pelos outros, tem conteúdo improvável e não se reduz ou se conforma com qualquer teste de realidade? Trata-se do que a Psiquiatria, desde a substancial contribuição de Jaspers, classifica como ideia delirante. Além das características descritas, esta ideia possui algo diferente e sentido como especial do ponto de vista de quem a tem, de modo que os outros pensamentos, desejos, percepções e imagens tornam-se algo menor, muito menor. Esta ideia delirante constitui o cerne de diversos transtornos que são caracterizados dentro da denominação de transtornos psicóticos, sendo a esquizofrenia um dos mais profundamente descritos e investigados. Seu conteúdo pode ser variado abordando temas dos mais caros aos seres humanos como persecutoriedade, ruína, ciúmes, infestação, sósia e misticismo.

A presença de uma determinada manifestação clínica profundamente relacionada ao adoecimento psíquico severo é algo que, apesar do treinamento psiquiátrico, sempre produz forte impressão, mesmo em profissionais experientes. O seu conteúdo único e universo subjetivo incontornável trazem conexões das mais variadas relacionadas aos anos de estudo, treinamento, experiência clínica e, por fim, ao próprio psiquismo. A força de uma manifestação delirante e seu efeito sobre o meio que a envolve ainda trazem sentimentos mistos. Enquanto, considerando o aspecto nosológico, o diagnóstico se impõe, há um lapso de tempo em que o profissional elabora o tamanho gigantesco de sua tarefa de demover o sujeito daquela ideia potencialmente destruidora. No início, em um paciente não tratado, seria como pensar em transpor um maciço de rochas; claramente, há muita dificuldade para contrapor qualquer argumentação lógica que modifique a convicção estabelecida pelo sujeito. Quando dizemos, "se você não comer, sua saúde será afetada", "se você jejuar por um ano não sobreviverá", ele não se importa, na realidade, o que nos importa para ele não importa. Apesar de não representar ponto constituinte da maioria dos atendimentos, a presença de uma condição que ameaça potencialmente a vida de um paciente é algo que sempre nos toca de modo diferenciado. Há uma responsabilidade inerente à situação que transpõe a fronteira da responsabilidade profissional e toca caracteres humanos e sentimentos de solidariedade dos mais íntimos. Embora todas nossas existências estejam fadadas a um desfecho letal, temos a expectativa que, de modo momentâneo, podemos interferir nesse fluxo, algo que, em muitas situações, está substancialmente longe de nosso alcance.

Após uma semana RCS retornou para novo atendimento, sua atitude havia mudado muito pouco em relação à última consulta. Ele havia sido medicado. Desde meados do século XX, temos a perspectiva de que tratamentos farmacológicos podem mudar a evolução e desfecho destes quadros. No entanto, encontramos grandes dificuldades, mesmo com os tratamentos disponíveis. Esta dificuldade é associada a algo central para estes pacientes. Um exercício nos permite projetar o imenso desafio que está presente. Imagine que você encontrou a maior convicção de sua vida, algo realmente importante que passou a fazer com que toda sua existência, outrora vazia, fosse neste momento preenchida por este novo e envolvente sentido. Neste caso o jejum. Como convencer RCS a utilizar uma medicação para que deixasse de jejuar? Ou que realizasse uma psicoterapia que pudesse a todo momento continuar colocando argumentos lógicos que para ele não tinham sentido? Não, ele não queria isso, havia encontrado suas convicções, sua verdade.

Novamente ele veio acompanhado pela mãe, que relatou manutenção de suas atitudes e comportamento. Havia sido muito difícil, mas ele havia se alimentado de modo muito irregular, tendo perdido mais um quilo. Geralmente, quando sua avó, que vivia na Bahia, lhe telefonava, ele aceitava comer algo. Dizia que ela compartilhava sua mesma fé e com isso sentia-se autorizado a comer, mas em pequenas quantidades e apenas alimentos "consagrados". Assim mesmo, a descrição era extremamente preocupante, RCS tinha em torno de um metro e oitenta centímetros e já apresentava perda ponderal importante. A média diária de calorias ingeridas era claramente insuficiente para que processos fisiológicos básicos ocorressem. Seus exames clínicos também denotavam alterações relacionadas a carências nutricionais. Começou a atravessar minha mente a ideia de que talvez não conseguiríamos realizar um tratamento que mantivesse condições mínimas de segurança sem optar por uma internação. Acredito que esta decisão configura uma das tarefas mais difíceis da prática da Psiquiatria. Embora prevista legalmente, a internação, e ainda mais na sua modalidade involuntária, deve ser evitada por todos os meios possíveis, já que ela pode ser relacionada a prejuízos na relação terapêutica que podem ser fatais para a continuidade do tratamento e quebra de vínculo. Seguimos o atendimento, RCS ouvia a mãe falar, sendo interessante como expressava distanciamento, como se o que era dito não fosse sobre si, mas sobre outra pessoa qualquer e distante que talvez ele não conhecesse.

Nesta oportunidade, conseguimos realizar a primeira entrevista sem a presença da mãe. Eu solicitei para falar em particular com RCS e os dois consentiram. Iniciei a entrevista falando em hábitos e cotidiano. Ele portava um telefone celular acoplado a um fone de ouvido. Perguntei se gostava de música e ele confirmou, especificando que ouvia bandas de rock e músicas da igreja. Ele também tinha passatempos como assistir a jogos de futebol com o pai e os irmãos, era torcedor do time do São Paulo. Enquanto se expressava, ficava nítido que, mesmo em todos os momentos anteriores nos quais RCS mal havia me dirigido a palavra, algo havia ocorrido em termos do estabelecimento de uma relação terapêutica. Estes momentos não tinham sido desperdiçados, ele tinha um contato com maior fluidez e facilidade de expressão que eu não julgava até agora possível, seu quociente de inteligência me parecia não afetado pela psicopatologia, embora seu afeto, claramente embotado, ainda mantivesse conveniente espaço e restrição ao acesso a todos os fenômenos que se passavam. Ele negava a existência de alucinações.

RCS contou sobre sua família, composta pelos pais, dois irmãos e uma irmã. Algo bem interessante veio à tona, que era sua condição de relativo isolamento e pouco contato com os familiares. Tinha terminado o ensino médio, mas não tinha procurado trabalho. Tentou ajudar o pai algumas vezes, mas não gostava do trabalho que ele realizava. Quando perguntado falou de sua infância com poucos amigos e sua preferência de permanecer em casa a maior parte do tempo. Nesse sentido, algo muito interessante é como os dados de história compõem um quadro harmônico com o princípio que norteia a presença de determinado sintoma ou quadro. Algo sempre a controlar é nossa tendência a fazer perguntas que possam induzir um conjunto de respostas que queremos ouvir trazendo sentido para nossa experiência. No entanto, RCS trazia claras informações sobre o que consideramos personalidade pré-mórbida de um transtorno psicótico. Sua descrição de isolamento, distanciamento e indiferença era marcante.

No período que antecede a manifestações de sintomas psicóticos como ideias delirantes, a ocorrência de profundas transformações que configuram ruptura com a rede existencial do indivíduo é algo frequentemente relatado. A presença de manifestações classificadas como despersonalização e desrealização podem também estar presentes. Nelas, o indivíduo se confronta com um estranhamento em relação à sua própria pessoa e ao mundo que o cerca. Estas manifestações são associadas a um sentimento de perplexidade e afastamento da convivência social e relações afetivas. Neste contexto, os sentimentos de falta de sentido associados a esta ruptura podem ser preenchidos de modo avassalador pela ideia delirante que vem a dar sentido a coisas que até o momento eram vivenciadas como desprovidas de tal característica. Esta verdade em forma de ideia, reveladora, revolve o indivíduo, assume o tom de profecia.

A sra. MCS retornou para a sala; neste momento, RCS pediu para esperar o término da consulta na área externa. Sra. MCS teve então alguns minutos para relatar o momento difícil que vinham vivendo e preocupações em relação à saúde do filho. Claramente, toda a dinâmica de relações familiares estava profundamente transformada pelos acontecimentos associados à saúde de RCS. Ele vivia em uma condição de bastante isolamento no último período, muito restrito. Quando o pai e os irmãos saíam para o trabalho, ele permanecia com sua mãe em casa. Há, com frequência, uma dificuldade de compreensão das pessoas que estão ao redor em uma situação como esta. Os chamados sintomas negativos, relacionados aos comportamentos de inibição e indiferença, podem ser interpretados de modo muito particular de acordo com o contexto. A tendência das pessoas ao redor é atribuir o problema à ausência de vontade por parte do paciente, seja vontade de estudar ou de trabalhar. Começa a existir uma via discriminatória que se estabelece de modo automático e cumpre o papel de tamponar de modo parcial a perplexidade que atinge a todos quando se deparam com a gravidade e dificuldades inerentes a esta condição.

A partir desta dinâmica, mãe e filho desenvolveram uma relação cada vez mais próxima e complementar, ela seguia seus passos pelos corredores, observava seu comportamento quando estava sozinho, pedia de modo incessante que ele comesse, tomasse banho, ficasse junto à família. Ele geralmente não atendia suas demandas, mas ela e a avó eram as únicas que conseguiam com ele algum pequeno avanço, algumas pequenas concessões. A sra. MCS demonstrava incansável dedicação ao filho. No entanto, também tinha seus momentos de dificuldades e sofrimento, principalmente quando não via progressos ou mudança em relação ao jejum. Por vezes, sentia-se angustiada, chorava, não dormia, tinha revolta em relação ao restante da família, considerava que nem todos colaboravam como deveriam. Na última semana havia ficado muito impressionada quando viu RCS através de uma fresta na porta do seu quarto, ele estava sentado à cama, olhava para a parede oposta e sorria sozinho.

Neste dia, com a colaboração da sra. MCS, eu fiquei sabendo um pouco mais sobre a trajetória da família. Ela e o pai de RCS eram naturais da Bahia.

Juazeiro

O município de Juazeiro, localizado no norte da Bahia e na margem direita do rio São Francisco, é uma das principais cidades do semiárido nordestino. O seu nome vem da árvore de copa larga, típica da região e a cidade é indissociável da grandeza do rio. Algo de especial é sua proximidade com a cidade de Petrolina, já no estado de Pernambuco, à margem direita do São Francisco. Juazeiro tem praia, sim, nesta altura o rio São Francisco tem ilhas de praias de areia branca. Foi em um 8 de setembro, dia da padroeira da cidade, Nossa Senhora das Grotas, que os pais de RCS se conheceram em uma festividade e começaram namoro. Seu pai era feirante, vendia frutas, profissão seguida por toda a família. Sua mãe, junto com as duas irmãs, ajudava a sua avó que era costureira e tinha ficado viúva muito cedo. Após três anos de namoro se casaram.

Como o negócio das frutas não ia bem e não havia renda suficiente para sustentar toda a família, começaram a cogitar a hipótese de migrar para outra cidade. Este plano precisou ser acelerado, pois após o nascimento do primeiro filho, irmão mais velho de RCS, em meados dos anos de 1970, tinham muitas dificuldades. Seu pai veio primeiro e conseguiu emprego também como feirante com colega que já havia vindo para São Paulo e descrevia a possibilidade de ganhos muito melhores. Escolheu a cidade de Osasco para morar, por causa da facilidade para se deslocar e também por ter conseguido aluguel de um cômodo mais barato. Posteriormente, vieram de Juazeiro a mãe e o irmão mais velho de RCS. São descritas diversas dificuldades de uma família que migrou e necessitou iniciar nova vida em São Paulo. Outros três filhos vieram, sendo RCS o mais novo. Sua mãe sofria de profunda nostalgia e tinha dificuldades para se adaptar sem a mãe, com quem tinha vinculação muito forte. A convivência na igreja foi algo que respondeu a um grande vazio que sentiam, pois era a oportunidade que possuíam para interagir com outras pessoas e constituir algum círculo social em São Paulo.

Desde a primeira infância, sua mãe, que já possuía experiência à época do seu nascimento, percebeu que RCS fazia algumas coisas diferentes em relação aos irmãos: demorou mais tempo a falar, brincava sozinho, sendo que não parecia buscar voluntariamente o contato com outras crianças. Em um primeiro momento, ela se sentia culpada, pois no período relacionado ao nascimento de RCS havia conseguido um trabalho em uma tecelagem e havia interrompido a amamentação de maneira precoce em relação aos outros filhos. É interessante ressaltar que este ponto parecia ser crucial para aquela mulher. Assim como RCS tinha certeza que precisava jejuar, sua mãe não conseguia se convencer que o fato de não ter amamentado não fosse a causa de todos os problemas, por mais que evidências e explicações fossem propostas.

O desempenho escolar de RCS era mediano, não diferente dos irmãos. Ele teve mais problemas na convivência escolar. De modo inevitável, as crianças e colegas de classe tinham-no como alvo, principalmente pelo seu comportamento extremamente reservado e pelo fato de que normalmente tinha descuido com suas vestes e alguma dificuldade para selecionar trajes adequados para a estação do ano. Sua mãe foi orientada algumas vezes pelas professoras e incentivada a levá-lo para tratamento psicológico, mas isto era muito difícil. O pai de RCS tinha muitas dificuldades para conceber que seu filho poderia ter qualquer problema. Sua visão era de que ele teria proporcionado aos filhos condição muito melhor em relação à sua própria infância, quando havia enfrentado muitas vezes privações severas na roça. Assim, pensava que os filhos não tinham do que se queixar e considerava que deveriam logo começar a trabalhar. Na cabeça daquele homem o trabalho era a única fonte possível de sobrevivência e era natural que quisesse encontrar em seus filhos a mesma determinação que ele possuía para sobreviver. Em relação aos outros filhos, sua fórmula funcionava, mas com RCS não era o mesmo.

Um percurso

Ao longo dos meses seguintes, tivemos consultas em repetidas ocasiões. RCS e sua mãe retornavam e os avanços eram muito limitados, mas ela conseguia fazê-lo comer um pouco melhor, embora ele sempre tivesse restrições aos alimentos, recusando-se a comer carnes ou optando por apenas algum tipo de cereal, verdura ou legume. Sua mãe sempre contava com a ajuda de sua avó telefonando de Juazeiro para convencê-lo a comer. Nossa relação terapêutica tinha ganhos em qualidade. Diferentemente das primeiras sessões, conseguimos instituir um espaço para que RCS fosse atendido sem a presença da mãe. Creio que isto foi algo muito importante, pois tenho a percepção de que ele tinha uma relativa ausência de expressão verbal que se encontrava como que subtraída e necessitou novamente ser desenvolvida. Conseguia sorrir quando abordávamos temas que eram caros a ele, como seu cachorro, suas tentativas de aprender a tocar teclado e a música.

Em relação ao jejum, tínhamos este tema sempre presente, era como que se uma terceira figura nos acompanhasse todo o tempo. Uma figura com vida própria, da qual podíamos falar, a qual podíamos entender, contestar, defender, mas nunca destruir. Fazíamos acordos de controlar o jejum e buscar padrões alimentares mínimos que seriam um ponto de entendimento e funcionavam como um balizamento do tratamento para que nossas outras ações e cuidados continuassem. Ele conseguiu falar sobre suas dificuldades na relação com o pai e do fato de não se sentir compreendido, bem como da sensação de falta de privacidade e sufocamento que a mãe lhe produzia.

Sobre a sexualidade não falava. Nitidamente, era algo que possuía muitas dificuldades em expor. Provavelmente, nunca havia tido nenhuma relação sexual ou desenvolvido proximidade física com outra pessoa. Sempre que falávamos do assunto era claro seu desconforto. Nunca tinha se interessado por usar substâncias. Havia provado em duas ocasiões os cigarros e a aguardente que o pai mantinha em casa, mas não apreciou a experiência nos dois casos. Ele retornava e o maior desafio profissional naquele contexto era constituir uma presença confiável, diligente e não ameaçadora na vida daquele rapaz. Para alcançar esse objetivo, era fundamental frear o impulso que temos de ver os problemas logo resolvidos e buscar logo a melhora dos nossos pacientes, algo que é muito comum quando estamos nos primeiros anos de prática profissional. Sim, pois observo hoje que na ocasião eu era cego para o melhor auxílio que conseguia prestar, que não vinha necessariamente do ajuste de medicações e da remissão completa do quadro psicótico, que nesse sentido dava sinais de refratariedade, mas sim do estabelecimento de um vínculo de tratamento.

Continuamos as consultas de acompanhamento e, certo dia, compareceram apenas a mãe e o pai, recebi a notícia que haviam decidido retornar a viver em Juazeiro. O pai havia se aposentado e queria ficar perto da família, bem como a mãe. Os filhos continuariam em São Paulo, com exceção de RCS que iria viajar com eles. Perguntaram sobre o tratamento, como poderiam continuar e como seria em Juazeiro. Perguntei sobre RCS, eles me informaram que ele não quis vir para a consulta. Depois deste dia, tentei em diversas ocasiões, sem sucesso, que RCS viesse para que pudéssemos fazer um fechamento do trabalho desenvolvido e sensibilizá-lo para a continuidade de tratamento em Juazeiro. Consegui falar por telefone, mas ele respondeu de modo monossilábico. Não houve fechamento, considero que ficou aberto. Por alguma razão, algo me diz que este é mesmo o jeito que deveria ser.

A paciente bem acolhida
e sua pulsão de vida

Carina Braga

Clara, 49 anos, chega com a queixa inicial de "síndrome do pânico", fazendo uso de fluoxetina há cerca de um mês. A medicação foi prescrita por um clínico geral que a atendeu durante uma das crises. Relata que tem enfrentado dificuldades para sair de casa, não consegue voltar a trabalhar e tampouco realizar qualquer tipo de serviço doméstico. Seu desejo é ficar isolada, permanecer dentro do quarto o dia todo. Muito religiosa, diz que só tem conseguido sair para ir à missa.

Desolada, chora durante quase toda a sessão, seu relato fica entrecortado por episódios longos de choro, sem fala alguma. Diz ter muito medo de entrar em depressão novamente. Muito pálida e magérrima, Clara diz que se alimenta muito pouco, mas fuma muito.

Relata que sua primeira crise aconteceu há cerca de três meses, na noite de ano-novo. A igreja estava lotada e ela iria ler um texto apropriado para a data. Diz que ao subir no altar para iniciar a leitura, travou. Sua visão escureceu, seu coração disparou e, na sequência, sentiu falta de ar e uma forte tontura, a ponto de quase desmaiar.

Clara é mãe de cinco filhos. Na época em que comecei a atendê-la, cerca de dez anos atrás, já estava com seu marido há mais de trinta, todos os filhos ainda moravam com ela e tinham uma idade compreendida entre 27 e 13 anos.

Investigo se ela se lembra de ter sentido algo semelhante anteriormente e sobre o medo que havia mencionado, de que pudesse entrar em depressão novamente. Começa a relatar então sobre o diagnóstico e tratamento para depressão a que ela havia sido submetida cerca de cinco anos atrás.

Me conta que ela e seu marido sempre trabalharam com vendas. Diz gostar muito do que fazia, possuía uma lista de clientes fiéis, com o quais estabeleceu ao longo dos anos uma relação de confiança e proximidade. Até alguns anos atrás a família possuía uma posição econômica estável, o que lhes conferia uma condição de vida confortável. Porém, há cerca de cinco ou seis anos, os negócios sofreram uma queda e passaram a não ter tanta rentabilidade. O marido se descontrolou totalmente. Começou a praticar vários golpes no mercado, vende um volume alto de mercadorias e não as entrega, fica sem pagar diversos fornecedores. Já com uma questão importante de inadimplência, perde o carro que ambos usavam para trabalhar e contrai outras dívidas, uma em nome de Clara e outra em nome de um de seus filhos.

Ela continua a visitar alguns clientes, mas já não são todos que a recebem. Seus rendimentos caem muito e ela passa a ter que trabalhar de ônibus, o que dificulta ainda mais sua possibilidade de vendas e as visitas a clientes mais distantes. O impacto da atitude do marido resvala sobre ela desde então. Eles ficam sem crédito, sem nome na praça, outros clientes ficam sabendo dessa reputação e, com o passar do tempo, a atuação de Clara ficava cada vez mais restrita.

Seu marido para completamente de trabalhar, está desde então em casa, sem nenhuma atividade remunerada. Faz supermercado, lava e passa a roupa, cozinha para todos. São os filhos mais velhos que mantêm as despesas de casa.

Conforme me traz esse relato, Clara menciona que, também naquela época, sentia-se muito angustiada e chegou a ter crises semelhantes, mais brandas talvez. Se lembra de um episódio em que passou muito mal ao sair de um de seus clientes, sentiu falta de ar e quase teve um desmaio no meio da rua, carregada de sacolas com mercadorias. Procura um psiquiatra e na época é diagnosticada com depressão. Fica medicada por pouco tempo e diz que, no fundo, o que a fez sair da depressão mesmo foi ter iniciado seu trabalho voluntário na igreja.

Tem uma relação muito próxima com o padre de sua paróquia, que é psicólogo de formação. Nesse texto o chamaremos de padre amigo. Diz admirar muito essa nova ordem de padres da Igreja Carismática. Compra livros, CDs, assiste a shows. A certa altura me confidencia que se sente atraída por um outro padre, já famoso. Coleciona suas fotos, fica horas a fio lendo seus textos e assistindo a palestras, vídeos. Sonha com ele e muitas vezes se pega em devaneios durante o dia. Conta que seus filhos riem muito e a ridicularizam por conta disso, mas ela diz não se importar.

Vê-se muito identificada com a história do padre famoso, que recentemente havia revelado na mídia que também sofria de depressão. Chora contando as mazelas da vida do padre. "Assim como eu, ele ajuda todo mundo, mas não consegue se ver livre da dor, curar suas próprias feridas".

Refere-se a Felipe, pai de seus filhos, como sendo seu ex--marido. Diz que a relação com ele nunca havia sido satisfatória, que ele sempre deixou claro que ela dependia totalmente dele, que se ele a abandonasse ninguém mais ficaria com ela e que ela não era capaz de construir nada sozinha. Relata comportamentos muito agressivos de Felipe, depreciações de toda sorte. Tecia muitas críticas em relação ao seu corpo, a sua capacidade intelectual, sua habilidade como dona de casa e como mãe.

Clara diz que sempre desconfiou de algumas traições do marido e conta muito revoltada sobre como, muitas vezes, ele a pegava a força para terem relações sexuais. "Você deveria agradecer a Deus por ter alguém que te ama", dizia ele quando ela tentava resistir. Chora muito ao dizer que havia desperdiçado mais de trinta anos de uma vida com ele e que nunca havia se realizado como mulher.

Há cerca de três anos passaram a dormir em quartos separados e não têm mais nenhum tipo de relação. Pouco se falam dentro de casa. Clara relata que já tentou inúmeras vezes convencê-lo a se mudar, mas ele não faz nenhum movimento nesse sentido. Diz sentir muita raiva de Felipe e muita mágoa dos filhos por estes não a apoiarem, por defenderem o pai a qualquer custo e não permitirem que este saia de casa.

Em outra sessão me conta sobre um novo episódio, uma nova crise. Dessa vez a igreja estava praticamente vazia, ela e outras paroquianas preparavam algo para um evento beneficente que ocorreria na semana. O padre então pede para que ela passe um café para o grupo presente. Ele estava sentado no altar, escrevendo algo, ela serve uma xícara na cozinha e se dirige para entregar a ele. Ao se aproximar do altar Clara trava novamente, não é capaz de subir, descreve como se uma força a impedisse, a paralisasse. Relata sintomas parecidos como os que teve na outra crise. Diz se sentir inibida, inadequada, suja, impura para estar naquele lugar.

Nesse sentido, podemos pensar sobre as crises descritas por Clara – seu mal-estar, as manifestações somáticas, as sensações de desconforto e de inadequação – como uma espécie de destino para isso que não tem nome, para a angústia.

Em "Além do princípio do prazer", texto de 1920, Freud ressalta que "boa parte das neuroses traumáticas" partilham traços das neuroses atuais, "pela tensão gerada por um excesso de libido que não encontra descarga adequada". A libido encontra-se desligada de uma representação substitutiva, ou seja, do caminho da formação dos sintomas pela via simbólica.

Em "Inibição, sintoma e angústia", de 1926, Freud nos traz contribuições importantes para pensarmos a questão do trauma como gerador de angústia. Inicialmente, nesse texto, descreve a inibição como uma limitação funcional do ego para desenvolver-se de maneira satisfatória. Faz um exame dessas limitações em áreas como a sexualidade, a locomoção, a alimentação e o trabalho. Reconheço em Clara inibições em todas elas.

Freud destaca, ainda nesse texto, uma dupla origem para a angústia, sendo a primeira delas ligada ao trauma do nascimento. A angústia frente à ausência materna, ausência que pode ser entendida como a não satisfação de necessidades básicas, expondo o bebê a angustiantes sentimentos de tensão. A outra origem apareceria então como um sinal de ameaça, o risco de repetição de uma situação análoga à original. "A análise revela que um perigo pulsional não reconhecido se acha ligado ao perigo real, conhecido."

A partir das descrições freudianas sobre o conceito de neurose de angústia é que Ferenczi começa sua interlocução e a troca de correspondências com Freud. Nessa época, produz seu primeiro artigo psicanalítico: "Do alcance da ejaculação precoce", de 1908. Nesse texto, porém, nos damos conta de que o uso que Ferenczi faz sobre o conceito de neurose de angústia se diferencia do original. Enfatiza a participação da dimensão do real no sofrimento humano, questão que irá servir como base para a formulação de alguns de seus conceitos posteriores.

É nesse texto também que Ferenczi começa a discussão sobre as implicações da neurose de angústia na mulher, aspecto até então pouco abordado por Freud, e introduz uma nova perspectiva ao campo psicanalítico – a noção de dignidade pessoal e seu sofrimento correspondente.

Vamos caminhando. Começo a atendê-la duas vezes por semana. Mesmo relatando o desconforto para conseguir sair de casa, percorrer o longo trajeto de ônibus para se deslocar até o consultório, Clara nunca falta, nunca se atrasa. Fala e chora muito, eu pouco falo.

Em uma das sessões, que tem a duração de quase duas horas, inicia um relato bastante confuso sobre a sua origem. Me perco um pouco, às vezes a interrompo com algumas questões, mas ela me acalma. "É confuso mesmo, minha vida daria uma esplêndida novela mexicana, ou uma tragédia grega, já nem sei mais."

A mãe biológica de Clara a deixara, desde recém-nascida, aos cuidados de uma senhora do bairro, que morava com o marido e um filho solteiro e costumava cuidar de crianças em casa enquanto os pais estavam no trabalho. Quando Clara estava com quarenta dias de vida a mãe a deixa na casa dessa senhora um dia pela manhã e não volta para buscá-la como de costume. Passaram-se alguns dias, nada.

Segundo relato de sua família, eles esperaram o retorno da mãe por um tempo, depois a procuraram ativamente, mas já não conseguiram mais encontrá-la. Nesse momento tiveram conhecimento de que a mãe biológica da paciente se prostituía, que ela já tinha uma filha mais velha, e que provavelmente ambas haviam ido embora da cidade. Alguns meses se passaram, como a mãe não retornava, decidiram regularizar a situação da menina legalmente.

A essa altura, porém, a senhora cuidadora e seu marido já tinham mais de sessenta anos, fato que os impediria de realizar uma adoção formal. Decidiram então que uma das filhas dessa senhora, junto com seu marido, se responsabilizariam pelo processo de adoção de Clara.

Aqui começa a confusão de nomes e papéis. A paciente se refere às pessoas com que ela cresceu, ao casal que a criou efetivamente como sendo seus avós. Tinha em seu novo registro o nome dos pais adotivos, porém, esses, embora fossem próximos, não tiveram essa função. Clara se refere a eles como "minha mãe adotiva" e "meu pai", sempre dessa forma.

Seus pais adotivos tinham cinco filhos. Ela eventualmente passava férias ou finais de semanas junto a esses irmãos. Ela se referia a todos eles como irmãos, todos já eram mais velhos, sendo que o mais jovem dentre eles tinha seis anos a mais do que ela.

Ela desenvolve um vínculo muito próximo com esse irmão, brincam juntos e trocam confidências. Em algum momento, temendo que, segundo ela, algo pudesse "ultrapassar os limites" nessa relação, a família conta que existia uma possibilidade de que seu pai adotivo fosse, na verdade, seu pai biológico. Isso nunca ficou muito claro para ela, mas, a partir daquele momento, Clara relata que passou a considerar como real o fato de que aqueles poderiam ser sim seus "meios-irmãos" biológicos, ficando satisfeita com a ideia.

Percebo em seu discurso uma certa rivalidade com a mãe adotiva e uma predileção pelo pai. Não chega a aprofundar algo nesse sentido, mas fico pensativa sobre o que poderia haver ali, que tipo de fantasia criara com base nessa história familiar. Demonstra carinho e admiração pela avó e uma aversão pelo avô, que, segundo ela, era agressivo e pouco paciente. Não consegue precisar muito bem quando foi se dando conta de sua história, de sua origem. Tempos e datas não estão claros para ela.

Gostaria de destacar alguns textos de grande importância

na obra de Ferenczi, onde este enfatiza, sobretudo, as situações traumáticas ocorridas na infância. Sobre o trauma do nascimento, no texto "Adaptação da família à criança", de 1928, nos traz a ideia que, "antes da adaptação do bebê ao seu meio caberia ao ambiente se adaptar àquele que chega, acolhendo-o de maneira ativa".

"A criança mal acolhida e sua pulsão de morte", de 1929, é um texto marcante nesse conjunto produzido por Ferenczi no final de sua vida. Foi dele que veio a "inspiração" para criar o título deste trabalho. Nesse texto, apresenta casos sobre pacientes que teriam sido "hóspedes não bem-vindos na família". Essas crianças, segundo o autor, "registraram sinais conscientes e inconscientes de aversão ou de impaciência da mãe e tiveram sua vontade de viver desde então quebrada".

Percebeu nesses pacientes traumatizados uma grande incapacidade de adaptação, além do fato de muitos deles apresentarem doenças orgânicas como uma tentativa, segundo ele, de "tentar desaparecer". Esses pacientes "conservam um certo pessimismo, ceticismo e desconfiança como traços de caráter, além de algum grau de infantilismo emocional".

Em uma outra ocasião, Clara me conta sobre uma forte influência e ligação com um tio solteiro. Esse era o tio mais próximo a ela pois vivia na mesma casa de seus avós, desde a chegada de Clara. Foi ele quem a ensinou a ler, quem a estimulava a se dedicar aos estudos, a presenteava com livros. Diz que foi por conta desse tio que ela desenvolveu sua paixão pela leitura. Ele a ajudava com muitas coisas, inclusive materiais. Foi ele quem pagou boa parte dos estudos de Clara e a casa em que ela vivia hoje havia sido doada por ele. Nessa sessão e em muitas outras, a paciente comete atos falhos, chamando esse tio de pai.

Esse tio teve muitas namoradas, mas suas relações eram sempre conturbadas e, segundo a paciente, essas mulheres sempre tinham muito ciúmes dela. Uma delas chegou inclusive a insinuar que os "mimos" do tio em relação a Clara não eram gratuitos, que ele estaria apenas esperando que ela crescesse para ficar com ela. É inclusive durante esse relato que ela comete um de seus atos falhos: "fulana dizia que meu pai só estava esperando eu crescer para poder me pegar".

Diz que essa ideia era um fantasma que a acompanhou durante muito tempo. Em sua adolescência, quando estava sozinha com o tio no carro, mantinha a mão na maçaneta da porta para que pudesse saltar caso ele viesse a tentar algo com ela. Conta que só parou de pensar nessa possibilidade quando se casou com Felipe.

Chora compulsivamente e diz-se muito ressentida quando me revela que, face a algum acontecimento ou atitude dela que contrariasse ou irritasse algum familiar, era julgada como imprópria, ingrata, desigual. Relata não terem sido poucas as vezes que a insultaram fazendo referência a sua mãe biológica. "Não dava para se esperar muita coisa dela", diziam eles a respeito de Clara.

Em uma das sessões a nova recepcionista do conjunto comercial onde eu a atendia anuncia que Maria estava subindo. A paciente chega me explicando, "eu sou Maria também". Fala que seu nome é, na verdade, Maria Clara.

Conta que, ao chegar a essa família acabou tornando-se só Clara, pois Maria já era o nome de sua irmã, a mais velha entre os cinco. Segundo ela, essa irmã era vista como a filha exemplar do casal de pais adotivos, a que sempre agia corretamente, a perfeita. Em seus relatos, Clara demonstra uma verdadeira adoração por essa irmã e a descreve como a figura mais carinhosa, a que mais cuidava dela nessa família. "E daí, como o lugar da Maria já era dela, todos na família só me chamam de Clara."

Depois dessa constatação, se questiona, com certo desprezo e ironia: "Clara, huff, logo eu, como pode? Um nome que remete à luz, clareza, pureza, iluminação. Clara é tudo o que eu não sou. Eu vivo na escuridão, me sinto suja, inadequada, não consigo ter clareza para nada".

Para além das situações de abandono e agressão reais, a vida de Clara foi marcada desde muito cedo por essa confusão de papéis, insinuações de toda sorte a respeito do seu lugar, de sua importância e função naquela família. Isso aparece constantemente em seu discurso sob a forma de uma certa desconfiança em relação ao sentido de sua existência e sua permanência nessa vida.

Percebemos em boa parte de seus textos que Freud pensa as formas de adoecimento desde uma perspectiva intrapsíquica. Ferenczi, todavia, dava uma ênfase maior para as influências do ambiente, do contexto social e familiar, destacando o peso das relações e defendendo organizações subjetivas heterogêneas ao modelo clássico da neurose.

Destaco aqui um fragmento de uma outra sessão:

> Eu sempre me via meio apática nas fotos. Eu estava reparando em um porta-retratos que tem lá de casa, eu era pequena, devia ter uns seis ou sete anos. Nessa foto eu estava com meu irmão e mais dois primos. Notar isso foi algo que me impressionou muito – eu não tinha brilho nos olhos! Eu reparo em fotos do padre famoso, do Roberto Carlos, eles têm um brilho diferente, o brilho do olhar de Jesus. É como nas pinturas sacras. Eu sei que isso é uma forma de os pintores retratarem a luz, mas eles captaram o sentido e demonstram assim. Isso é ter brilho no olhar, eu sei o que isso significa, mas sei que eu não tenho isso.

E continua: "Eu fui, desde pequena, jogada de um lado para

o outro, sempre humilhada, peso morto, a incapaz. Sabe qual a palavra mais marcante para mim, tanto na infância, como na vida adulta? Incapacidade".

Quando estávamos há pouco mais de um ano juntas, Clara me liga em um domingo, chora muito e pede para antecipar a sessão para segunda-feira pela manhã.

Ela chega com o rosto transfigurado, parecia que não dormia há dias. "Eu não queria lembrar, fazia muitos anos que eu não pensava nisso. Mas na noite passada eu tive um sonho. No sonho eu era abusada, eu estava em um quartinho escuro, o padre amigo estava no mesmo ambiente, ele via o que estava acontecendo e não fazia nada."

Então, Clara me conta que na infância foi abusada por um homem de idade relativamente avançada, parente do noivo de sua irmã mais velha, Maria. As famílias moravam próximas e Maria eventualmente frequentava sua casa, levando Clara com ela. Chegou a pedir algumas vezes que a paciente fosse até essa casa sozinha para entregar cartas endereçadas ao seu noivo. Clara não consegue precisar ao certo quantas vezes foi molestada nem a idade em que isso aconteceu, pensa que talvez tenha sido por volta dos sete ou oito anos. Segundo ela, nunca dividiu isso com ninguém. "Eu não contava nada para não chatear a minha irmã, ela estava tão feliz com o noivo, iria se casar em breve". E continua:

> Maria era a única na família que me dava demonstrações de afeto, ela era quem me dava banho quando pequena, quem fazia penteado em meus cabelos. Não era justo eu contar uma coisa dessas, sabendo que isso poderia abalar sua relação e causar a ela tanto sofrimento.

A lembrança desses episódios a faz relatar outra situação,

que sugeria uma troca de carícias entre Clara e seu o irmão mais novo. Segundo sua percepção esses episódios teriam ocorrido antes da situação descrita anteriormente, e, portanto, na época ela devia ter cerca de seis anos e o irmão, doze. Pensa que talvez o irmão não soubesse ou não julgasse errado o que estava fazendo e que provavelmente, assim como ela, tenha preferido esquecer completamente o ocorrido.

Ferenczi foi o primeiro autor a pensar a questão do trauma como real. O adulto agressor nega o abuso. A criança muitas vezes tenta buscar outro adulto, para tentar entender o que se passou, mas este, por indiferença ou incompreensão, a desmente novamente e desse modo, "desqualifica não só o prazer ou o sofrimento da criança, como também seu modo de ver e significar o mundo".

No caso de Clara, parece que ela jamais cogitou a possibilidade de dividir isso com alguém. Para preservar o amor da irmã, do irmão, decide nunca contar nada. Dessa forma, as situações de abuso se tornam traumáticas também pela impossibilidade de atribuição de sentido a essa experiência. Destacamos um trecho de Ferenczi, em um de seus últimos artigos, "Confusão de línguas entre os adultos e a criança", de 1933: "Não é a linguagem da paixão, por si só, o principal fator traumático, mas o desmentido, a desautorização, isto é, a afirmação de que não aconteceu nada, de que não houve sofrimento".

Levando em consideração a impotência da criança face ao mundo adulto e a dependência dos cuidados que lhe são dispensados naquele momento, podemos pensar a submissão à "autoridade esmagadora dos adultos" como uma estratégia de sobrevivência. Nesse sentido, se a criança não pode romper com o agressor, identifica-se com ele.

E a partir desse fato, Ferenczi, em seu texto "Reflexões sobre o trauma" , conclui: "Se dá a suspensão de toda espécie de atatividade psíquica, somada à instauração de um estado de passividade desprovido de toda e qualquer resistência". A criança "entrega a sua alma" para resistir ao medo e à dor, preservando, ao mesmo tempo, o adulto, referencial indispensável para a sua existência.

Seguimos para o nosso segundo ano de trabalho, Clara ainda reclama muito da situação em casa, não suporta estar na presença de Felipe, não suporta a cobrança dos filhos. Diz que gostaria muito de ir morar sozinha, mas que, para tanto, precisaria ter uma garantia de salário fixo. A preocupação com a questão financeira toma boa parte das sessões, mas se diz sem forças para voltar a trabalhar.

Ela já não chora tanto, sua fala está menos agitada. Clara parece menos angustiada e não teve mais crises. Depois de um tempo planejando e juntando recursos, volta a visitar clientes e fazer algumas vendas.

Logo se desanima novamente. Diz que nunca foi estimulada a nada, sempre que pensava em fazer algo, diziam que ela não servia. Queria ser médica, não dava, professora, também não. Recordo de uma sessão anterior: "Não dava para se esperar muita coisa dela", diziam os familiares, a respeito de Clara.

O movimento vai se repetindo, ela às vezes reconhece que algo avança, mas, na sessão seguinte, reclama que tem piorado, que parece que as sessões não estão adiantando, que não sabe o que está fazendo ali. Às vezes me sinto como ela, sem saber qual o meu papel, o que eu estaria fazendo ali.

Diz que não consegue receber nada de ninguém, que se sente sempre devedora. Deve para a amiga que pinta seus cabelos brancos, para a filha que a compra um sutiã, para o padre que a escuta e para mim, que a atendo a um valor simbólico.

Em uma das sessões me diz que há tempos não sentia isso, mas recentemente voltou a acontecer. "É como se ela vivesse uma vida dupla", descreve. Naquele dia, por exemplo, quando estava no ônibus, vindo para análise, olhou pela janela e a viu dirigindo um carro luxuoso, no ar-condicionado com o vidro fechado. Outro dia se via em uma casa ampla, confortável, bem decorada. Diz que não se trata apenas de imaginação, ela se vê mesmo nessas cenas, como se vivesse paralelamente nessas duas realidades.

Pergunto se ela saberia me dizer por que ela não está nessa outra vida. Clara se altera e responde de uma forma agressiva: "Eu fico emputecida, pois quando me vejo nesses lugares eu aproveito, gosto do que sinto, mas subitamente sou tomada pela vontade de pensar no pior. Aparece em minha mente um desfecho horrível, com uma grande tragédia, acontecendo também nessa outra vida".

E continua: "Está muito difícil continuar a vir aqui. Por mais que eu tente entender as razões pelas quais eu faço isso comigo, eu não consigo. Tenho falado muito aqui que preciso reconstruir minha vida, mas na verdade acho que minha vida não foi ao menos construída".

Diante de tais casos é que Ferenczi se viu, pouco a pouco, obrigado a reduzir certas exigências e a rigidez aplicada habitualmente na clínica das neuroses. Da mesma forma que uma mãe precisa se adaptar à chegada do bebê, a técnica deveria ser flexível e elástica para acolher, para entrar em sintonia com o infantil presente em cada paciente. Isso significaria colocar-se no lugar do paciente, sentir e pensar como ele, sem, entretanto, perder os referenciais próprios.

O tempo vai passando, Clara se anima um pouco ao me contar que criou um fórum, uma comunidade na internet para concentrar textos e palestras do padre famoso. Em algumas publicações ela escreve também, colocando seus pensamentos e opiniões ao público que acessa o material. As pessoas começam a entrar e a escrever para ela. Querem contar seus conflitos, dividir com ela suas histórias. Ela responde, recomenda leituras, dá conselhos. Tem vontade de ser "pregadora", mas como fazer isso se ela trava ao falar em público?

Se envolve cada vez mais nos trabalhos da igreja, organiza bingo, quermesse, bazar. Recebe então, através de uma conhecida da igreja, uma proposta para trabalhar como recepcionista em um consultório dentário, porém recusa, pois teria que trabalhar aos sábados e, dessa forma, abandonar o voluntariado com a comunidade.

Penso que a obra social, seu trabalho voluntário, aparece como uma compensação na vida de Clara. Ela cuida de toda a paróquia, cuida da família do padre, para não ter de cuidar de casa, da própria família.

Relato aqui outro fragmento de sessão:

> Eu tenho muita afinidade com Jesus, converso com ele, oro para ele. A vida de Jesus, sua história, foi um exemplo para mim. Já com Deus eu não me sinto muito à vontade não, nunca rezo para Deus, não saberia o que falar com ele. Daí eu fiquei pensando, será que eu deveria ter uma conversa franca com Deus? Deixar as coisas mais claras? É que eu não consigo me sentir culpada por deixar ele de canto, por não lembrar dele, meu negócio é com Jesus mesmo. Ele é a primeira pessoa que eu penso quando eu acordo e a última que eu lembro quando vou dormir.

Fala muito sobre o padre famoso. Coincidências da vida de ambos, textos que ele escreve com um conteúdo parecido com o que ela já havia escrito. Conta de um episódio no qual ela foi ao lançamento de um livro dele, eles já haviam se despedido, mas ela resistia para ir embora, algo a segurava lá. Foi se despedir novamente e o padre diz a ela: "Não vamos atear fogo onde não conseguiremos apagar".

Diz que a lua a provoca. Em noites de lua cheia ela fica sonhadora, quer escrever um conto, fazer poesia, fica enlouquecida. Confessa sobre seus devaneios para o padre amigo e este sugere que ela se masturbe. Ela diz que não consegue. Ela quer voltar a se relacionar com alguém, quer viver isso, mas não a qualquer custo. "Então só vale se for por uma relação verdadeira, só se valer muito a pena.Além disso, eu sou casada na igreja, fiz um juramento, se eu me separar, tenho que parar de comungar. Nesse sentido me ocorre que,separar-se do marido significa também se separar do corpo de Cristo.

Penso que, para ela, Felipe falha no lugar de marido, objetivamente. O marido passa a ser então espectador das múltiplas traições dela, só que com os padres, com Jesus. Se torna "corno" de um modo sagrado. Prefiro guardar essas interpretações para mim.

É preciso ficar atento para que uma neutralidade excessiva ou uma interpretação não seja percebida pelo paciente como uma falta de reconhecimento do trauma real vivenciado, uma desautorização de seu sofrimento. No texto "A insensibilidade do analista" presente em seu diário clínico, de 1932, Ferenczi ressalta inclusive os perigos de se re-traumatizar pacientes ao se adotar uma postura desse tipo.

Alguns meses depois, Clara recebe outra proposta, agora para trabalhar em um abrigo de crianças coordenado por freiras. Na sessão seguinte chega contando que não foi bem na entrevista, que não tinha tanta afinidade por freiras, que achou que não foram com a cara dela. Dias depois recebe a notícia de que havia passado no processo, mas, em seguida, não pode iniciar pois está com o "nome sujo". Clara não pode "dar certo".

Um dia Clara chega bastante irritada à sessão, diz que está se sentindo pressionada por mim, parece que eu quero que ela arrume um emprego, que ela continue a fazer as coisas que ela já não quer mais fazer e que estava cansada de as pessoas a forçarem a fazer coisas contra a sua vontade.

A transferência comigo se torna cada vez mais intensa, o manejo nem sempre é fácil. No total, eu e Clara trabalhamos juntas por seis anos. Os primeiros anos foram muito desafiadores, creio que para ambas.

Fui presenteada, logo no início da minha clínica, com Clara e outros tantos "pacientes difíceis". Casos em que a análise dos sonhos, a associação livre e a interpretação na transferência eram como artigos de luxo. No trabalho analítico com esses pacientes era preciso muitas vezes construir o que não havia sido construído, ajudá-los a nomear, dar sentido a experiências traumáticas.

Seguimos. Clara me conta que está pensando em voltar a estudar. Ela havia concluído o ensino médio, mas nunca fez faculdade. Se anima e se desmotiva numa questão de minutos. Reclama que esquece tudo o que lê e ouve, que não consegue reter nada na memória. Diz-se capaz de lembrar com detalhes de cenas infantis, até da roupa que usava em determinado acontecimento, mas não lembra do que o padre falou na missa passada. "O padre sabe muito, eu nunca vou conseguir saber tudo o que ele sabe."

Vou percebendo uma melhora significativa no ânimo de Clara. Começa a nomear com mais clareza o que quer e o que não quer. Decide fazer faculdade de Letras. Quando estava no segundo ano, arruma uma vaga como professora eventual em um colégio estadual e começa a dar aulas. Fico muito surpresa. Agora os problemas são de outra ordem. Como conduzir a classe de modo que esses adolescentes sejam sensibilizados pelos conteúdos que ela traz?

Nesse tempo em que passamos juntas, Clara acompanhou minhas duas gestações. No final de 2015, quando volto da minha segunda licença-maternidade, já não conseguimos ajustar um horário que seja possível para ambas. Clara me conta que muita coisa caminhou nesse curto período de tempo, que está dando cada vez mais aulas e diz que havia uma possibilidade de se mudar de São Paulo.

Há pouco mais de um ano, Clara me envia uma mensagem dizendo-se bastante preocupada e pedindo para que eu atendesse um de seus filhos. Digo a ela que não me sentia à vontade para recebê-lo por conta de nosso histórico juntas e passo a ela a indicação de uma colega analista. Me coloco à disposição caso ela queira retomar em algum momento. Ela me conta que está morando no interior e que sua vida está bem mais leve e organizada. Curiosa, olho sua foto no WhatsApp. Clara está sentada em uma mesa de um bar ou restaurante, brindando para a câmera com um copo de cerveja na mão.

Um brinde a Clara! Um brinde a Ferenczi, que com coragem e ousadia, levando sempre em consideração os aspectos éticos, ampliou nossa compreensão a respeito do sofrimento humano. Que por meio de suas inovações e técnicas me ajudou nesse tão conturbado início.

O primeiro encontro com a análise

Eduardo Amaral Lyra

"Listen and you'll see"[1]

"Se a nossa existência não tem por fim imediato
a dor, pode dizer-se que não tem razão alguma
de ser no mundo. Porque é absurdo admitir que
a dor sem fim, que nasce da miséria inerente à vida
e enche o mundo, seja apenas puro acidente, e não
o próprio fim. Cada desgraça particular parece, é certo,
uma exceção, mas a desgraça geral é a regra."
Arthur Schopenhauer, *As dores do mundo.*

Preferido de Freud, não foi à toa que Schopenhauer acabou conhecido como o filósofo pessimista (fama não de todo justificada, penso). Por outro lado, sua filosofia possibilita olhar para o mundo humano de forma menos idealizada, precisamente um dos objetivos que se pretende de uma psicanálise. Freud, por sua vez, então, apresenta a saída possível: aprender a trocar um tipo de sofrimento por outro e conviver melhor com este sofrimento. Dado que não se pode evitar o sofrimento, que ele, ao menos, possa variar. Se não podemos deixar de errar, que erremos diferente. Assim, Freud e a Psicanálise nos dão as pistas para a não menos árdua tarefa de transformar

---

1 Slogan da campanha da fabricante britânica de caixas acústicas Bowers & Wilkins.

sofrimentos e torná-los suportáveis (ou menos insuportáveis, conforme o caso...).

"Nada é mais insuportável do que
um eterno suceder de dias belos."
Aldous Huxley, *Também o cisne morre*, citando Goethe.
A mesma citação aparece numa nota de rodapé do próprio
Freud em *O mal-estar na civilização*.

— Posso deixar minhas coisas aqui na recepção?

— Sim, pode – responde a moça.

E, deixando suas coisas na recepção, o rapaz alto e imponente volta-se para acompanhar a pessoa que o aguarda ao pé da escada. Ali, e já no segundo lance, estanca e diz, mais para si do que para o outro:

— Deixei meu celular lá embaixo!

— E você quer pegá-lo...

— Ah, sem meu celular estou morto...

— Está aguardando alguma ligação importante?

— Sempre! – Diz isso de forma muito séria, denotando certa aflição.

— Sempre?! – Responde o outro, demonstrando alguma surpresa.

— Vai que eu perco uma ligação e essa ligação é justamente a que vai me trazer um novo trabalho? Daí, perco o trabalho, fico sem dinheiro... uma desgraça!

— Bom... parece que já temos algo aí para falar... – A conversa se dá mas, nesse momento, o rapaz continua a subir as escadas e acaba por não voltar para resgatar seu celular.

Ambos entram na sala reservada para a conversa, que prossegue. Ao sentar-se o rapaz já está a falar sobre seu medo de empobrecer, perder família, amigos e acabar miserável e doente (alguma doença bem "feia") debaixo de uma das mais conhecidas pontes da cidade.

Tudo em menos de 10 minutos de conversa com um estranho. Antes de iniciar com a proposta de falar sobre "primeiros encontros com um psicanalista", penso ser relevante uma digressão.

Ao refletir sobre a proposta de produção de um texto psicanalítico para não psicanalistas, a primeira questão: quem se enquadra em não psicanalista? Se o psicanalista é um ser humano que, com um treino específico e continuado, desenvolve recursos cujo propósito é o de ajudar outro ser humano, então é razoável supor que todos, por humanos que somos, temos algo da Psicanálise em nós desde antes de nascermos. Logo, a questão aqui se refere mais ao "dicionário" empregado para abordar o tema do que o tema em si. Freud não foi genial apenas em sua criação – a psicanálise – mas, também, pela forma como iniciou sua transmissão: acessível e agradável; instigante e provocativa. Assim, se há algo de fundamental na sua transmissão e de seus derivados, é a acessibilidade incorrompida por um esforço exagerado em torná-la simples, pois certamente não o é.

Portanto, a proposta à qual submeti a intenção desta escrita foi a de evitar jargões e termos técnicos exceto quando estivesse impossibilitado de fazê-lo sob risco de corromper algo dessa transmissão.

Enfim, o primeiro encontro

Esta comunicação tem por foco o primeiro encontro de um candidato à análise tenha este encontro acontecido no consultorio do psicanalista ou em entrevistas de triagem e seleção em instituições.

O que caracteriza esse primeiro encontro? O que precisa acontecer num primeiro encontro psicanalítico? Qual marca a Psicanálise confere ao encontro de um candidato à análise e seu analista?

Não apenas a primeira sessão mas cada sessão de psicanálise é uma nova sessão, posto que ela nunca existiu antes; nenhum dos dois, em sessão, existiu antes. Se nos parece óbvia tal afirmação, e é óbvia, por que será que nos espantamos frequentemente com fatos tão óbvios quanto nunca termos vivido o dia que vivemos hoje e, possivelmente, viveremos amanhã? O dia que temos à frente de nós, seja em nossos relacionamentos afetivos, sociais ou profissionais, nunca antes existiu, mas por hábito optamos por ignorar ou desprezar tal fato. Tal atitude tem consequências que podem se apresentar sob a forma de angústia.

Depois de um tempo de relacionamento com alguém, descobrimo-nos espantados com o inédito de nossos companheiros. Mas nem nossos companheiros nem nós somos os mesmos de ontem, e por mais sutis que sejam tais diferenças, produzem efeito.

Logo, toda sessão psicanalítica é um evento único e traz consigo ambos, analista e analisando, com suas respectivas vidas, seus complexos, questões e modos de se relacionar com o mundo. Como isto se combinará na sessão é sempre um enigma do qual outros enigmas advirão.

Então, qual razão para especificar o primeiro encontro? Se cada sessão é única, a primeira seria apenas mais uma única?

> "[...] a terapia hipnótica[2] busca ocultar e dissimular algo na vida psíquica; a analítica procura liberar e remover algo. Aquela age como um cosmético; esta, como uma cirurgia."
>
> Freud, *A terapia analítica*, 1917.

---

[2]*Nota do Autor: Freud empregava o termo hipnose de forma ampla, também contendo o significado de "sugestão".

Não, pois a primeira marca também a questão ética da psicanálise em que justamente o analista se implica em manter a singularidade de cada encontro, resistindo às tentativas de normalização e normatização que surgirão em decorrência de resistências inerentes ao processo de análise, dentro daquilo que se convencionou chamar de "direção do tratamento" analítico, direção esta que compete ao analista promover.

Portanto, a primeira conversa marca o ineditismo do encontro de tudo aquilo que é trazido pelo futuro analisando, que se encontra com o analista e se constitui como único, apoiando-se na abordagem psicanalítica para sua sustentação como evento único, singular. Daí, algo inicia sua gestação (ou, para refletir, essa gestação já tenha se iniciado antes desse encontro).

Um evento jamais é igual a qualquer outro. Dito de outra forma, o tratamento psicanalítico sustenta-se no infinitamente fértil terreno das singularidades entrelaçadas. Neste terreno, como se poderá ver em alguns casos escolhidos, tempo e espaço se desfazem de sua aparente concretude e a estrutura de um sonho começa a permear a relação analítica.

— *Você não irá me mandar para longe, né?*

— *Você está com medo de ir para longe de casa... do futuro... não?*

(Primeira interlocução entre candidato à análise e analista-entrevistador).[3]

Se a resposta acima tivesse em mira a questão objetiva do deslocamento físico em uma grande cidade, fato não de todo desprezível, a questão dos medos do rapaz diante do término do ensino médio teriam sido ocultadas por outro tipo de resposta, que certamente mitigaria algumas de suas aflições mas

---

3 Nesse caso, o candidato não fará análise com o analista entrevistador mas com outro , em outra região da cidade, desconhecida ainda no momento da entrevista. Trata-se de processo de entrevista em instituição.

que, possivelmente, dificultaria a conexão do interessado com seu tratamento psicanalítico.

Longe de ter significado o esclarecimento e solução de seu problema, a conversa que ali se deu proporcionou ao rapaz a *ligação* com seu processo de análise. Ao perceber-se acolhido *em seu sofrimento*, colheu com interesse a possibilidade da análise.

E o que vem a ser essa *acolhida do sofrimento*? Certamente não é orientação nem ensino; não é alívio imediato nem condescendência com o sujeito. É como se dois cientistas se encontrassem e adentrassem um laboratório muito particular e ambos se propusessem a observar e tratar desse estranho elemento a que se dá o nome de sofrimento ou questão de análise.

Psicanalista, esse meia-armador

"Meia-armador: o meia, armador ou apoiador, também conhecido como meia-armador ou meia de ligação, é o jogador de futebol que atua principalmente na zona do meio de campo, entre a defesa e o ataque, e cuja função é criar as jogadas de ataque. Na Argentina, os jogadores que desempenham esta função são chamados de *enganche*. Função: os meias são os responsáveis pela criação das jogadas. Atuando a partir do campo do adversário pelos lados direito, esquerdo ou mesmo pelo centro, estes atletas muitas vezes são os detentores de maior técnica e habilidade e dão passes para a conclusão dos atacantes. Metaforicamente, são o cérebro dos times."[4]

Como dito acima, quando uma pessoa chega para seu primeiro encontro com um analista, seja no consultório ou em ambientes de entrevista de triagem em instituições, ele traz tudo consigo: toda a sua experiência, história de vida e de suas relações com o mundo, todo seu ser. Seja por meia hora, uma

---

4 <https://www.spfc.net/forum2.asp?nID=73080>. Acesso em: 25 out. 2019.

hora ou alguns encontros, tudo está ali, diante do analista. O sofrimento expresso por aquela pessoa representa os aspectos de sua vida psíquica. Seu sofrimento, sua queixa, a forma como a expressa, contêm o material analítico de que a análise se servirá para ajudá-lo em sua jornada.

Cabe, portanto, ao analista, desde o primeiro instante, colocar-se em posição de observar o analisando de determinado ponto que lhe permita apreender simultaneamente o ponto de mirada e o observado. Para isso, serve-se dos recursos que constrói em si por vias de sua análise, do estudo da teoria e de sua análise de analista – a supervisão.

Neste lugar, lança mão também da *empatia*, no sentido preciso que Kohut lhe confere: a capacidade de apreender rapidamente o máximo dos aspectos emocionais do analisando com a menor interferência possível de sua presença. Aliás, isto está conforme à ideia de que o analista deve interferir o mínimo com o objetivo de provocar o maior efeito possível tendo em vista a direção da análise.

O trabalho será realizado pelo analisando, a partir de seu universo; o analista operará como o meia-armador, em um campo de futebol infinito, mas limitado pela morte, lançando a bola sempre para um novo ponto, a partir do qual o analisando-atacante avançará.

A rica experiência que o atendimento em instituições acrescentou ao meu percurso de analista, notadamente em processos de entrevistas e triagem, é marcada por desafios e aprendizados derivados da necessidade de identificar questões para análise e *proporcionar a ligação do candidato a seu processo de análise em* curto tempo, geralmente trinta minutos ou uma hora.

Seja como for, é sempre desafiador como a prorrogação no futebol e o objetivo é fazer com que o analisando saia do banco de reservas, posicionando-se no campo da vida.

Etapa adicional para aqueles que não procuram diretamente um terapeuta, o fato de uma instituição designar um psicanalista para tratar dessas entrevistas insere uma marca específica a esse encontro (para além de representar também o cuidado da instituição na recepção dessas pessoas): a de que não é um encontro qualquer e de que a pessoa que passará por tal encontro será recebida psicanaliticamente: desde a maneira como se apresenta até a forma como discursa sobre si e suas questões; tudo remete ao sujeito, seu sofrimento, suas questões.

Do lado do analista, este encontro traz desafios não menos ambiciosos, pois o lança num evento que também lhe será singular dentro de sua atividade: escutar alguém que, a depender das regras da instituição, não irá prosseguir com o atendimento, devendo promover interferências de forma a proporcionar o enlace dessa pessoa com suas próprias questões ou, de outro modo, com sua própria análise, algo que nada tem de trivial.

A senhora, de estatura baixa e aparência frágil, põe-se em pé e faz esforço para levantar e carregar uma pesada mala que traz consigo. A mala é moderna; possui rodinhas. Durante a conversa, a melodia de solidão, isolamento e medo permeia a fala. Com a escuta apontada para essa observação, a conversa se dá e, num determinado momento:

– Nem as rodinhas da mala lhe servem como ajudantes confiáveis?

– Não confio nas pessoas; preciso resolver todas as minhas questões sozinha. Não aceito ajuda de ninguém. Estou cansada.

Em casos assim, o papel do analista-entrevistador é *virtualizar*, desde já, esse analista, de modo que o lance efetuado pelo entrevistador meia-armador caia num campo de análise, seja ele onde for, e que o analisando-atacante possa fazer essa transposição com a menor interferência possível, capturado pelo interesse da partida, que contém aqui os sentidos de jogo e de saída, saída de uma determinada posição que, por fixada que se encontra, acarreta sofrimento.

O elemento surpresa

Não está sempre do lado do analista. Contrariamente, este pode e precisa efetivamente se deixar surpreender pelo que lhe é apresentado pelo analisando. E isto não apenas nas entrevistas iniciais, mas ao longo de cada análise. A perda da capacidade de se surpreender é um sinalizador para o analista de que algo precisa ser verificado em sua prática.

Mas o valioso mesmo é quando ambos podem se surpreender e a surpresa serve de alimento para a análise. Nem sempre é assim e há situações em que a surpresa é vivenciada negativamente pelo analista que, ao não se adaptar ativamente ao que lhe é apresentado, precipita um fim prematuro e infeliz do encontro.

– Não vim aqui para encontrar perguntas e sim respostas! – diz o homem que, em seguida, se levanta e abandona, furioso, a sala (alguém que, aos ouvidos do analista, parece necessitar da análise).

Nos momentos em que a surpresa se dá de outra forma, em que o analista é capaz de apreender e acolher em si o que se passa em sua frente, o resultado pode ser, de fato, promissor. Alguns desses casos, para além dos poucos aqui citados, deixam uma marca mais persistente no analista, pela vivência emocional e por representarem diversos aspectos de um encontro analítico. O caso a seguir, apresentado de forma mais abrangente e rica em detalhes, é um exemplo.

As duas Elisângelas

O interfone toca anunciando a chegada da paciente. Desço à recepção e há duas mulheres à espera: uma baixa, relativamente magra, usa óculos e apresenta-se séria. A outra, mais alta, maior e sorridente. Esta diz algo à amiga que responde ao meu chamado.

Subimos e indico a ela a cadeira. Observo as cores de suas roupas, a blusa de um azul royal, calças justas escuras e uma bolsa vermelha ao colo. O contraste da blusa com a bolsa me remete à roupa do super-homem, cores muito vivas. Por detrás de seus óculos, um estrabismo que, segundo minha observação, a deixa visivelmente desconfortável.

Peço a Elisângela que me diga o que a traz ali.

Inicia seu relato falando sobre sua gestação problemática; eu, neste momento, penso que ela perdeu seu bebê durante a gestação. Para minha surpresa, ela me diz que a filha está bem, com dois anos e meio, mas que ela nunca desejou essa filha; não faz qualquer menção ao pai.

Observo que ela movimenta bastante a cabeça e penso no estrabismo. Pergunto, diretamente, o que havia acontecido com seus olhos, antecipando (novamente) uma resposta óbvia e me surpreendo mais uma vez com o que me diz: houvera um acidente de infância quando contava três anos, sua mãe saía de casa para ir a algum lugar e Elisângela a seguiu em direção à porta quando sua mãe a fechou bruscamente. A porta não fechou e rebateu, atingindo Elisângela no rosto, na lateral direita. Ela me explica que isso é um relato da mãe, não dela, e inclui nesse relato o surgimento de um "galo" na cabeça que, um pouco depois, transformou-se numa bolha.

Neste ponto, a fisionomia dela se torna mais tensa e ela me conta que nunca superou essa questão, que ainda hoje enfrenta dificuldades com as pessoas pois não consegue encará-las. Sofreu na infância, na escola, por conta do acentuado estrabismo. Conta-me também da falta de apoio em casa, seja da mãe, seja do pai, que "já não tem mais". Conta que, atualmente, tem sofrido muito sozinha, com sentimentos de raiva dos quais não consegue dar conta. Percebe-se muito irritada com tudo, trabalho, filha, família, e não consegue pôr essas coisas para fora.

Quando pergunto o porquê de procurar uma psicanálise neste momento da vida, me responde dizendo que já não aguenta mais, que, há alguns anos, procurou terapia e fez durante "algum tempo". Sou surpreendido por uma fala dela, neste momento: "Já falei agora mais do que falei durante todo o tempo em que fiz essa terapia". Havíamos conversado no máximo quinze minutos neste ponto.

Destaco para ela algo que me parece significativo: a filha dela está com quase três anos, idade próxima à dela quando do acidente que a deixou estrábica. Emociona-se e diz que não quer para a filha a vida que ela teve. Não quer que a filha passe pelas mesmas coisas. Ao mesmo tempo, relata que a filha lhe rouba justamente o tempo de que dispunha para sair, caminhar e tentar relaxar quando se sentia muito angustiada. Agora, nem desse tempo mais dispõe. Quer ser "demitida" do emprego mas consegue apenas que lhe mudem a área de atuação. No emprego, é vista como competente mas com gênio difícil.

Pergunto se alguma vez procurou algum tipo de tratamento de correção para o estrabismo e noto nova alteração no seu humor; não sei bem se se empolga ao falar disso ou se é uma nota forte de revolta que aparece: sim, tentou uma cirurgia, na qual depositou muitas expectativas, mas que resultou num fracasso completo. Sem conseguir resolver o estrabismo, passou a se ver como "mentirosa" pois "as pessoas" diziam que ela não olhava nos olhos quando falava e que pessoas que não olham nos olhos são mentirosas. Elisângela não consegue se olhar no espelho, não quer se ver. Pergunto como ela me enxerga e me diz que vê dois de mim, embaralhados. Percebo o sofrimento que ela produz naquele momento e me diz que quer pôr essas coisas para fora; diz que compreende por que não é bem tratada pelas pessoas, compreende tudo mas não consegue, com isso, sentir-se melhor. Está desesperada por livrar-se desses sentimentos ruins.

Quando vou anotar seus dados para o procedimento de encaminhamento, ocorre-me perguntar a Elisângela quem a estava acompanhando.

Eis a penúltima surpresa (a última, já antecipo, por motivos de confidencialidade não será possível revelar):

– Ah, Elisângela! Minha amiga do trabalho.

– Elisângela é você... – digo eu.

[risos dela]

– Ela é Elisângela também. Quando pedi para ser dispensada e me mudaram de área, contrataram uma nova funcionária para ficar no meu lugar. Disseram que ela era parecida comigo, menos no gênio. Disseram para ela que ela poderia ser como eu desde que não tivesse o mesmo gênio bravo que o meu. Ela é a Elisângela boazinha. Eu falei para ela que viria aqui e, na mesma hora, ela disse que viria comigo; nem perguntou se eu precisava.

Fiquei mais que surpreso. Duas Elisângelas. Duas histórias completamente diferentes que se cruzam. Perguntei-me o quanto o estrabismo, a visão dupla, poderiam estar relacionados a essa dupla visão de Elisângela, uma boa, outra brava, o quanto Elisângela, a brava, só podia ver fora seus aspectos bons, e que feliz coincidência (?) ela topar com seu duplo, desde que ela possa, a partir de agora, integrar os aspectos da Elisângela "boazinha". Pareceu-me, ali, estar pronta para empreender o trabalho.

Este relato, ainda hoje, me surpreende e emociona. Surpreender-se com o que advém de quem nos procura por ajuda e poder ajudar são formas possíveis de transformar sofrimento em algo proveitoso, para analista e analisando, mesmo que seja num único encontro.

Se Schopenhauer tem razão? Penso que sim, mas penso também que ele teria se beneficiado muito de um papo com Freud.

> "[...] por certo, não é dado à psicanálise poupar o paciente de todo o sofrimento; com efeito, aprender a suportar um sofrimento constitui um dos resultados principais da análise."
>
> Sandor Ferenczi

A arquitetura de uma tragédia

Victor Augusto Bauer

Por meio do contato de uma escola particular de São Paulo, recebo com urgência a solicitação de uma reunião para discutir os aspectos clínicos e pedagógicos de um aluno que se encontrava em uma situação delicada. Seu destino estava em jogo. A situação que antecedeu a procura ocorreu quando João estava com treze anos, no início do ano letivo de 2014.

Os alunos haviam recebido seu crachá de identificação para entrar na escola com foto, nome do aluno e série. Cada qual com seu crachá, João é pego de surpresa quando um colega toma o objeto de sua mão e começa a zombar dele e se divertir dizendo que não o devolveria. Corre de um lado para o outro com a identidade em mãos e angaria uma plateia atenta para aquele momento de travessura. João tenta sem sucesso pegar o crachá de volta, mas não tem a mesma desenvoltura física e dinâmica do colega, nem consegue por meio de argumentos, que foram poucos e pobres ("Me devolve... me dá meu crachá... Vai meu, me dá.") chegar ao seu objetivo que era manter as coisas como estavam antes da zombaria do colega. De uma hora para outra, enquanto a sala toda estava se divertindo com a situação, João pega na mesa de uma colega um estilete e ameaça em alto e bom som matar Pedro, o piadista que agora se encontrava assustado, sob a mira de um estilete em riste.

Colocando seu corpo na frente da porta da sala e impedindo a possibilidade de saída de qualquer um, João passa a ameaçar todos ali presentes. O menino, que há poucos minutos estava contente e orgulhoso com seu novo crachá, agora está diante de uma sala inteira ameaçada de morte com um estilete. João estava pronto para fazer uma bobagem.

A professora que daria a próxima aula consegue com calma entrar na sala e diz para João largar o estilete e resolverem aquela situação de outra forma. A cena não piora, mas nem por isso encontra-se uma solução. Diante do impasse, a professora coloca a cabeça para fora do corredor e grita por socorro para a auxiliar. Solicita imediatamente a presença da diretora para tentar convencer o pequeno rapaz a desistir de suas ameaças. Naquele momento, os alunos todos já estavam a par da situação e o desespero tomou conta dos corredores da escola.

A diretora, que tinha seus motivos para estar mais desesperada que qualquer um naquele momento, posto seu lugar e responsabilidade, lidou com frieza e serenidade de alguém que extrai grande satisfação de seu cargo de autoridade.

Entra na sala, olha para o João e diz: "João! Solte este estilete e vamos para a minha sala agora".

Como quem tivesse levado um balde de água fria, o rapaz atende imediatamente o pedido. Esta é a cena problemática que antecede o chamado urgente para uma intervenção junto ao rapaz.

João foi afastado por uma semana da sala de aula para que fosse decidido o seu destino junto ao conselho da coordenação, direção e especialistas envolvidos. A situação fica em suspenso. Um psiquiatra é chamado para opinar e intervir pouco antes de entrarem em contato comigo. O seu traquejo e assertividade em pouco se diferiam das opiniões leigas e apavoradas que corriam pelos corredores da escola que sussurravam em silêncio conivente: "O João é um assassino".

E o psiquiatra?

Diante da frieza e indiferença com que relatava o ocorrido, somadas à impulsividade agressiva, ausência de empatia, afronta direta e debochada dos agentes da lei, fez o diagnóstico mais simples e evidente: transtorno de conduta, diagnóstico psiquiátrico para adolescentes que, se fossem adultos, estariam classificados como psicopatas, ou se preferirem o termo mais recente, transtorno de personalidade antissocial.

"Cuidado, ele vai se tornar um psicopata", dizia ele para a diretora. "Já ouviu falar da Suzanne Richthofen?"

A diretora, que até então conseguira manter sua serenidade, passou agora a ficar atormentada com a opinião do especialista e buscou outros pareceres. Se identificou com minha hesitação em relação ao diagnóstico apressado e passamos a ter contato. Após algumas conversas e reuniões com a escola decidimos o seguinte:

> João apresentou um colapso psíquico que desencadeou em ameaças graves aos colegas. Por meio de uma avaliação posterior ao ato, percebeu-se uma postura que declarava o adoecimento do rapaz que vinha se mostrando cada dia mais esquisito e problemático. A família não parecia entender a gravidade da situação e se mantinha ora alheia, ora em negação. A mãe fazia tudo para não se envolver ou se responsabilizar pelo ato do filho mesmo que ninguém a estivesse culpando. O pai, personagem fraco e moribundo, olhava para o teto acompanhando as moscas enquanto fingia (mal) se importar com o assunto. Dessa forma, como maneira substitutiva à expulsão do rapaz do colégio, ele seria acompanhado em período integral por um especialista que o ajudaria a não perder o ano escolar, afastado do grupo da classe, além de utilizar seu tempo para fazer um diagnóstico mais preciso da condição psicológica de João e talvez encontrar, na relação com ele, algum caminho de trabalho ou indício de melhora.

Com um contrato estabelecido de acordo com os desafios e dificuldades daquele trabalho, aceitei o desafio de acompanhar João no seu turno matinal para acompanhar seu processo escolar avaliando as questões psicológicas desencadeadoras do seu adoecimento. João era um rapaz aparentemente tímido, sem muita desenvoltura com as palavras. Parecia inofensivo. Seu rosto pálido, coluna corcunda e barriga saliente destoavam completamente da imagem que criei sobre o rapaz que causou horror naquela escola. A primeira reação dele ao me conhecer foi de apatia e falso interesse. Parecia, mais do que tudo, viver cada minuto sem entender nada do que se passava no conjunto de sua vida. Sobre o ocorrido, repetia uma frase qualquer, estereotipada, demonstrando arrependimento e necessidade de mudança. A situação se desenrolava em um clima de estranheza e falsa resignação.

João não demonstrava nenhum interesse em realizar qualquer tipo de atividade escolar, mesmo com uma síntese de conteúdos e atividades adaptadas. Preferia qualquer outra coisa a fazer alguma tarefa. Diante das dificuldades, emperrava e nada saía dali. A solução era encontrar algo de lúdico, como jogar cartas ou futebol, que era sua atividade preferida. Quando jogava bola, seu semblante perturbado se transformava em saudável e espontâneo. Jogava feliz e comprometido. Dizia para si mesmo que queria ser jogador de futebol e comparava cada um de seus passes e chutes a jogadores famosos. Cada dia, aparecia com uma chuteira e camisa de time diferente. Diante de todas as impossibilidades que se apresentavam na hora de realizar uma tarefa, prova ou qualquer outra demanda escolar era nítido que se eu insistisse para que ele acatasse, algum tipo de reação inesperada e desagradável aconteceria. Fui cozinhando a situação até pensar em uma estratégia.

Antes que minha direção de tratamento estivesse bem delineada, chegou uma quarta-feira, dia de strogonoff no almoço do colégio. Nós comíamos juntos, antes de ele ir para casa, e esta era sua comida favorita. Ele comia muito, sempre, em exagero (a não ser que não gostasse do alimento) e naquele dia estava mais agitado do que o comum quando pediu o primeiro prato. Comeu em menos de dois minutos. Pediu o segundo. Dessa vez, demorou uns três. Sinalizei que era suficiente, que já tinha comido o bastante e precisaria esperar um pouco para se sentir saciado, além de que poderia passar mal comendo tanto e tão depressa. Me ignorou. Pediu o terceiro prato. Bravo e invocado comeu na mesma voracidade que os dois primeiros. Antes de terminar, alertei que seria o último e não teria negociação. Pegou o telefone para pedir o quarto. Calmamente segurei o telefone, tirando de sua mão e recolocando na base.

Sua reação intempestiva iniciou ali, virou a mesa redonda que era palco das nossas manhãs escolares e tentou me enforcar. Desviei sem dificuldade e avisei que o conteria fisicamente caso ele não conseguisse conter sua raiva.

— Vou te matar. Você quer me matar de fome?

— Quero te matar porque não vou deixar você comer quatro pratos de strogonoff? Você já comeu muito, deve ter alguma outra coisa te incomodando.

— É isso que eu sou, um assassino!!

A partir desse momento, em uma mudança brusca e explosiva ele se dirigiu para a janela e tentou pular. Puxei-o pelas costas e falei que ele não deveria fazer aquilo. Imediatamente começou em movimento de estilingue a bater a cabeça contra a parede quando tive que segurá-lo novamente. Dessa vez se jogou no chão, começou a comer a minha mochila dizendo estar com fome e passou a bater com o pé da cadeira contra o próprio braço.

Subi em cima dele, segurei seu corpo e disse que enquanto

não se acalmasse e me assegurasse que pararia de me atacar ou de fazer algo que machucasse ele mesmo, eu ficaria ali, o segurando.

Demorou uns três eternos minutos até ele me prometer:

– Não vou te bater, nem me machucar.

– Então vou sair de cima de você e vamos esperar juntos os seus pais virem te buscar. Enquanto isso, podemos jogar um pouco de futebol.

Aceitou e desceu feliz para a quadra, como se nada tivesse acontecido.

Após a "crise do strogonoff" se tornou importante o esboço de uma hipótese diagnóstica para o caso. Dessa maneira, o manejo da transferência e a direção do tratamento estariam submetidas a uma lógica de intervenção intencionalmente dirigida. Além da cena do strogonoff e do crachá, foram analisadas outras situações que evidenciaram o funcionamento psíquico de João de maneira mais representativa. Uma delas que indicou uma sintomatologia psicótica ocorreu quando conversávamos sobre as viagens que ele tinha realizado. Ele me contava sobre os lugares que tinha conhecido e ao relatar sua viagem para a França, percebi que sua fala se tornou pobre e opaca. Algo de estranho, que não pude entender imediatamente, ocorreu ali. Dizia ter realizado a viagem quando, na verdade, por algum infortúnio do núcleo familiar, foi o único a não ir. O seu sintoma se alojava em torno de mentiras que mais tarde fui descobrir.

"Eu achei muito esquisito essa história. Você me contou muitas coisas sobre outras viagens e sobre a França não sabia dizer muita coisa. Deve ter ficado muito chateado com o fato de não ter ido e agora conta para você mesmo que foi."

Nosso diálogo se tornou um tanto truncado a partir deste momento. Depois de longa e cansativa refutação a tudo que eu dizia, me dirigiu a palavra bravo:

– Fui viajar sim... Que saco, que importa?

– Não é bom que você acredite nesta história. É diferente quando a gente pode fazer algo que a gente quer e quando a gente não pode. Você queria ir para a França e não foi. Paciência!

Ele não queria ficar sozinho nas suas convicções nem queria ser visto como um estranho. Sua reação foi de interromper seus ataques verbais e não dizer mais nada.

A última cena que foi levada em consideração na hipótese diagnóstica ocorreu em uma manhã chuvosa em que João estava bastante irrequieto pois gostaria de aproveitar para jogar futebol. Durante aquela semana, várias chuvas fortes impediram as nossas peladas. Como dependíamos de a quadra estar livre, toda aquela aguaceira era um obstáculo grande à sua vontade de jogar que aparecia muito frequentemente. João se aproxima da janela que outrora tinha tentado pular e me diz: "A quadra está seca, podemos ir".

Sua crença na onipotência de seus pensamentos fazem o raciocínio clínico identificar uma expansão da fantasia que invadia a realidade, próxima de uma construção delirante. Chovia torrencialmente. Esta expansão da fantasia ocorre cada vez que as vontades e desejos se expandem de tal maneira que desconsideram quase que completamente algum aspecto da realidade que represente a castração, no entanto não se constitui delírio estruturado como retorno do que foi foracluído.

Todos os elementos citados acima levaram a crer que se trataria de um quadro com alto teor de impulsividade, passagens ao ato e associado a sintomas psicóticos. Ao discutir o caso com alguns supervisores, as opiniões se dividiram. Do meu ponto de vista, se tratava de uma psicose juvenil e assim encaro o caso até os dias de hoje. O aprofundamento na dinâmica psíquica de João mostrava uma lógica total sem representante simbólico da castração e com aderência alienada ao discurso do outro ("Sou um assassino"). A sintomatologia e o histórico familiar fortaleceram a hipótese diagnóstica de psicose que passou a ser efetiva no manejo do tratamento.

O diagnóstico e direção do tratamento merecem mais de uma consideração importante na apreciação deste caso. Do ponto de vista teórico "freudo-lacaniano", devemos levar em consideração: a sintomatologia, o funcionamento geral do psiquismo e o modo de estabelecimento da transferência. Concomitantemente, o diagnóstico estrutural analisa dois eixos: o sujeito e o Outro, o falo e a castração.

Em relação à sintomatologia, o mais importante é a passagem ao ato no momento em que João perde sua frágil posição egoica frente ao Outro e dessa maneira fica à mercê. Tal é a gravidade maior do caso exemplificada na cena do crachá. A impulsividade violenta aqui retoma a posição de senhor do seu próprio corpo e de sua vida. O funcionamento geral do psiquismo revela em diversas ocasiões a prevalência estrutural do mecanismo de foraclusão. Diante da ausência de recursos simbólicos para lidar com as notícias do rochedo freudiano, João se encontra em estruturação inicial na construção de delírios.

Sobre a transferência, minha presença se tornou muito mais ativa que em casos de neurose. Nossa relação frequentemente me convoca a esboçar soluções, interpretar situações e manejar uma série de questões, das mais elementares às mais complexas do cotidiano de João.

Aqui chegamos a um ponto importante que é o de esboçar e discutir algumas questões prévias ao tratamento da psicose. Muitas vezes temido por boa parte dos psicanalistas, a clínica da psicose é de uma riqueza sem correspondentes e responde muito bem ao tratamento psicanalítico. O que se espera deste tratamento é a reorganização do paciente em relação à realidade e à interrupção de processos delirantes, alucinatórios e derivados. Em primeiro lugar é preciso descontruir e ter uma maleabilidade grande em relação ao formato dos atendimentos. Eles não precisam ocorrer no consultório e podem mudar em relação a todas as variáveis padrão de um atendimento com neuróticos. No entanto, com alguns pacientes o formato tradicional responde bem. Mas essa ainda não é a discussão essencial na clínica da psicose.

Diante da ausência de um operador psíquico que represente a castração, a função do analista é encontrar no discurso do paciente este elemento que está ausente. Na medida em que encontra e nomeia a castração, a intervenção busca fazer funcionar a lógica do desencadeamento da sintomatologia psicótica. É preciso insistir e ter assertividade na investigação e na intervenção que aponte para o desencadeador, ou seja, aquilo que na cena represente a castração. Posteriormente é necessário apontar o sintoma como resposta ao mal-estar da castração e então esboçar uma saída junto ao paciente. O mecanismo de foraclusão ao ser submetido a sucessivos esforços desta lógica perde sua força para produzir sintomas. Em síntese: encontrar o desencadeador, apontar o sintoma e esboçar uma outra saída. É na medida que esta lógica está presente do início ao fim do tratamento da psicose que paulatinamente o paciente vai se tornando capaz de poder responder ao rochedo da castração sem alucinação, delírio ou passagem ao ato.

Retornarei aqui aos elementos presentes na vida de João para demonstrar as transformações clínicas e metodológicas que foram ocorrendo no decorrer dos anos. O primeiro aspecto que gostaria de trazer e sobre o tempo das sessões e frequência de atendimento. Na medida em que os sintomas foram cedendo, a quantidade de horas e frequência dos atendimentos diminuíram. No início, as configurações de suas sessões eram de vinte horas semanais distribuídas durante todos dias úteis da semana.

Depois de seis meses, passei a atendê-lo três vezes por semana com atendimentos de duas horas. Algum tempo depois, diminuímos a sessão para uma hora e meia e também a frequência se tornou menor, duas sessões por semana. Depois de cinco anos de tratamento, atendo João no consultório uma vez por semana com sessões que variam de uma hora a uma hora e meia. Eventualmente faço reuniões no colégio e com os pais como estratégia coadjuvante de tratamento.

Outro elemento importante foi a mudança de colégio. Depois dos primeiros seis meses de atendimento, a escola, que não encontrava parceria na relação com a família, convidou João a se retirar com o objetivo de que ele pudesse construir uma nova história, sem o peso dos acontecimentos que ali tinham ocorrido e que tanto marcavam a identidade do rapaz naquele contexto.

Os pais tiveram uma série de questionamentos sobre a necessidade de João ir para uma "escola especial", mas desistiram da ideia na intenção de apostar em sua capacidade de se recolocar em um outro contexto, um outro efeito do trabalho até então realizado. Hoje ele é um aluno regular de um tradicional colégio de São Paulo, apresenta algumas dificuldades para acompanhar a sua turma, mas consegue cumprir suas obrigações escolares e passar de ano com uma ou outra recuperação no fim do ano. João tem algumas habilidades extraordinárias e de grande importância para seu amadurecimento e sua escolha profissional. É um excelente jogador de xadrez, habilidade que herdou de seu pai, tinha um grande interesse e jeito para as mágicas e ilusionismos e, por fim, uma grande capacidade de desenhar. Pensa em, no futuro, se tornar arquiteto.

A lógica de tratamento é baseada na interpretação do que

desencadeia a sintomatologia psicótica e no manejo da relação transferencial, além de construir outras respostas no sentido de tornar o sujeito pouco a pouco independente da intervenção clínica, no entanto o tratamento de João passou por longos tempos com brincadeiras infantis em brinquedotecas de crianças de 2-3 anos. Fato clínico que levanta a questão de saber se a psicose não passa também por déficits importantes na constituição inicial do "eu". Minha experiência com outros casos me leva a pensar que sim e talvez a expressão maior desse fenômeno seja sintetizado em duas situações com outros pacientes: um deles, cada vez que chega ao meu consultório me pede sem hesitação café fresco. Quer que eu faça um café exclusivamente para ele, que acabara de chegar.

O outro exemplo deste tipo de exigência ocorre com um paciente que teve um grave surto paranoico e faz questão que minha sala esteja climatizada de acordo com o que ele acha confortável. Ora, estes exemplos, que poderiam ser imediatamente interpretados como frescuras e exigências tolas, na verdade revelam uma fragilidade na constituição do eu e no seu núcleo, o eu ideal. Não é à toa que se os psicóticos respondem a técnica de espelhamento, é por que elas favorecem a constituição tardia do "eu".

Essa intervenção pode ser resumida, a grosso modo, na atitude de falar para o paciente sobre ele: seu corpo, sua roupa, sua intimidade, expressões faciais, a maneira como fala, anda e entre tantos outros aspectos sensíveis presentes na sessão com o psicótico. O apontamento de que a psicose é uma patologia do narcisismo é presente já na obra de Freud, na análise do caso do presidente Schreber.

Quando escolhi o título "Arquitetura de uma tragédia" fui motivado por algumas razões que explicarei a seguir. O primeiro ponto se refere a uma problemática que se agrava à medida que escutamos a relação dos psicóticos com a linguagem como se fossem neuróticos, ou seja, tomamos suas palavras por uma outra coisa, uma outra cena.

Esta questão se torna perigosa quando escutamos pacientes psicóticos falando concretamente sobre ameaças a si e aos outros e não damos a devida importância. Por mais que os delírios e alucinações estejam presentes e estruturados, a resistência da escuta com a psicose se dá num primeiro nível em tomá-lo por neurótico.

Um segundo nível da resistência ocorre em tomar o psicótico, não por um neurótico, mas por um psicopata, ou, se preferirem, com transtorno de personalidade antissocial. Importante lembrar o peso deste diagnóstico altamente sensível, questionável e que flerta abertamente com os preconceitos moralistas que constituem o tecido da cultura judaico-cristã. A clínica nos demonstra todos os dias que a relação da psicose com a linguagem é de concretude e, portanto, suas falas de ameaças aos outros e a si mesmo são dignas de intervenção imediata.

Os argumentos que expus acima são centrais para tratamento de psicóticos que frequentemente são diagnosticados como psicopatas. Este diagnóstico, que não serve para outra coisa além de desistir do sujeito cientificamente, quando é dirigido a um psicótico traz consequências devastadoras, porque na psicose a identificação com o discurso do Outro é total, alienada e colada. Diagnosticar um psicótico por psicopatia é arquitetar uma tragédia. Só resta esperar pelos efeitos catastróficos de tal diagnóstico.

Ainda em relação ao título, existem outros sentidos imanentes ao caso. Arquitetura de uma tragédia é também, em oposição ao diagnóstico fenomenológico e evidente de comportamentos observáveis, resultado complexo de uma trama familiar e geracional em que a inscrição do significante que represente a castração é frequentemente ausente ou fragilmente localizado. Aqui enfatizo o caráter forte do termo história para demonstrar sua estreita relação com a estruturação de um diagnóstico de psicose submetida à transmissão geracional das tragédias familiares.

Arquitetura também é referência à enorme habilidade de João nos desenhos tridimensionais. Desta maneira o termo "arquitetura" se descola do destino trágico que se evidenciava nos primeiros encontros com João e se transforma no interesse pela arte e no investimento ainda incerto de um futuro esperançoso.

A invisibilidade e visibilidade de Verônica

Tadeu dos Santos

Ao longo dos anos de clínica, tenho me deparado com relatos de pacientes que se queixam de conflitos com o corpo. Sentem-se fragmentados, despedaçados, desorientados e confusos em relação à vida. Frequentemente, apresentam insatisfação e ou dificuldades na vida profissional, conflitos em relação à vida amorosa e familiar.

Partindo dessa experiência e diretamente de um caso clínico específico, quero apresentar algumas reflexões sobre a importância da Preocupação Materna Primária e da experiência especular no processo de desenvolvimento emocional do indivíduo.

Para Winnicott o processo de desenvolvimento emocional tem seu início no nascimento e dura por toda vida. A comunicação inicial silenciosa entre mãe e bebê é a primeira experiência de ser da criança, precursora do viver criativo e do brincar.[1]

Quando há uma falha ambiental no processo de desenvolvimento emocional primitivo na forma de um desatendimento das necessidades especiais do bebê, isto será sentido por ele como falha severa, o que provoca uma ruptura na continuidade do ser. Essas falhas ambientais causam agonias impensáveis

---

1 Para Winnicott (1975, p.63) o brincar facilita o crescimento e, portanto, a saúde; o brincar conduz aos relacionamentos grupais; o brincar pode ser uma forma de comunicação na psicoterapia; a psicanálise foi desenvolvida como forma altamente especializada do brincar, a serviço da comunicação consigo mesmo e com os outros.

como o sentimento de despedaçamento e perda da conexão com o corpo.

É com este viés teórico que busco refletir sobre o caso clínico de Verônica.

O caso clínico

V. chegou ao meu consultório, encaminhada pela Rede de Atendimento do Centro de Estudos Psicanalíticos (CEP). A primeira impressão que tive, já no contato telefônico com intenção de agendamento de uma entrevista, foi, pela voz, que eu falava com uma menina. Marcarmos a primeira entrevista e, ao vê-la, minha impressão continuou a mesma. Uma garota com rosto meigo, gestos delicados, muito afável e sorridente.

À época, com 26 anos e estudante universitária, V. informava que o motivo de ter procurado análise era considerar-se uma pessoa muito complicada e que tinha trauma com homens. Dizia ainda que, nos últimos anos, vinha apresentando comportamento autodestrutivo, vivera episódios de abuso com bebida e que fora violentada sexualmente aos dezenove anos, na volta para casa à noite. Os pais não lidaram bem com o ocorrido e não conseguiram acolhê-la. V. dizia que mesmo estando toda danificada, seus pais não cuidaram dela.

V. descreve sua mãe como uma mulher complicada e egoísta, fazendo as coisas girarem em torno de si mesma. A mãe é uma dona de casa, que teve uma adolescência um pouco complicada, porque precisou cuidar da irmã doente. Os pais eram alcoólatras e ela se casou cedo, apesar de não querer casar e ter filhos. Relata que se pudesse escolher, não teria os dois filhos (Verônica e o irmão mais novo) e que V. estava certa em não querer casar e ter filhos.

O pai de V. carrega uma história que nunca ficou clara para a família. De acordo com algumas histórias que ela ouviu, o pai teve uma infância muito difícil. A mãe dele teve um pai abusivo e fugiu do Nordeste para outra região. Teve dois filhos (o pai de Veronica e uma irmã). Com dificuldades para criá-los, tentou vendê-los para um fazendeiro. Foi uma tia do pai que conseguiu reverter a situação e os criou. O pai é muito agressivo e sempre foi de gritar e bater. V. não consegue dizer que tem uma relação com o pai.

V. tem um irmão mais novo que é muito mimado pelos pais. Todavia, o irmão sempre foi muito repreendido pelo pai. Sempre teve que segurar a emoção para não ser chamado de "marica". V. tem um carinho muito grande pelo irmão e ambos têm um bom relacionamento. Diz que ambos nunca tiveram colo, por isso quando o irmão precisa ele a procura para obter carinho e chorar. Ela faz o mesmo, quando precisa de apoio.

Há episódios na infância que a marcaram. O primeiro é a história do banheirinho. Diz que como sempre foi comunicativa e ativa, quando era posta de castigo, por volta dos cincos anos, arranjava alguma coisa para fazer. Brincava com a sombra, com um bichinho etc. Não surtindo o efeito esperado, a mãe, brava, mudou de técnica e começou a não falar com ela quando queria castigá-la. Vendo que também não dava resultado, ficou observando o que a intimidava. Percebeu que havia um banheirinho no fundo da casa do qual V. não se aproximava por medo. Passou a trancá-la ali quando fazia algo errado. Até hoje tem medo de ir até o banheirinho. A mãe conta a história para seus amigos gargalhando com júbilo.

O outro episódio é sobre a mãe ter espetado o garfo em sua língua após passar mal e vomitar diante da obrigação de comer carne. Na percepção de V., a mãe cuida xingando e reclamando, diz que não foi diferente em relação aos cuidados com os avós. Apesar dessas cenas marcantes e difíceis V. gosta de arte, música e dança. Quando criança fez ballet e a dança foi um diferencial em seu tratamento.

Durante o primeiro ano de análise, V. dizia que se sentia doente. Descrevia a sensação de estar apodrecendo. Parece que algo a estava machucando e ela apodrecendo. Dizia querer ter raiz. Mas sentia que suas raízes eram fracas e apodreciam. Dizia que tinha partes do corpo machucadas e uma angústia muito grande. Uma dor habitava seu ser. Sentia vergonha de existir... vergonha dos seus passos... do seu corpo. Se sentia como se não fosse vista, porque parecia invisível pelos outros.

A invisibilidade de Verônica

Os primeiros meses da análise de V. foram marcados por vários *loopings*, como ela mesma se referia a sua vida. Sempre chegava num estado de oscilação maníaco-depressiva. Contava as dificuldades que enfrentava frente à família, com os amigos e da dificuldade em arranjar um trabalho. V. apresentava, durante as sessões, a extrema dor de se sentir viva e amargurada pelo fato de não ver esperança de melhora.

V. durante as primeiras sessões contou-me das suas dificuldades e medos. A relação com o corpo e os processos vividos de autodestruição. V. tinha dificuldades com espelhos e reflexos. Descubro isto quando ela confundiu uma arandela do consultório com um espelho. À época, lhe perguntei se olhar no espelho era olhar para ela mesma? Esta seria sua dificuldade? Ficou em silêncio e respondeu que nunca pensara naquilo. Para Ogden (2016, p. 90), "uma boa parte da dor da experiência não vivida é armazenada no corpo".

Ao longo do processo, as pausas e silêncios foram se tornando cada vez mais frequentes. Diante do material clínico que se apresentava, V. parecia dispor de uma constituição subjetiva frágil, o que fazia questionar se a interpretação seria a melhor maneira de conduzir o processo. Segundo Safra (2005), quando estamos diante do paciente, os sons, os cheiros, enfim tudo pode contribuir para que possamos "intuir" a maneira de ser do outro, os seus sentimentos e seus sofrimentos. Estar em contato com Verônica me suscitou muitas questões. A principal delas é a que Winnicott descreve: como o analista pode promover a capacidade de o paciente vivenciar os aspectos não vividos da sua vida, na análise?

As constantes faltas de V. provocavam em mim as mais diversas sensações. Durante as supervisões recebo um alerta sobre a questão de quanto o abandono de V. estava ressonando em meu corpo e que ela precisava de tempo e espaço para construir uma relação de confiabilidade e dependência. Winnicott (1988) adverte que, nestes casos, o manejo clínico deve anteceder o uso da interpretação como instrumento, uma vez que o paciente pode não ter recursos psíquicos para simbolizar por conta de sua frágil constituição psíquica.

A partir deste momento opto pela técnica centrada na sustentação (*holding*).[2] Para Ferreira (2001), pacientes que sofreram interrupções precoces na linha da vida, em um período muito precoce e contemporâneos ao estabelecimento da personalidade, requerem uma ênfase maior no *holding*, porque as falhas ambientais ocorridas levam a uma situação de congelamento do desenvolvimento emocional. A mudança do *setting* se faz necessária para favorecer a tarefa terapêutica. Concomitantemente, o *holding* é oferecido não como um acolhimento psíquico, mas como uma metáfora dos cuidados maternos primários.

Com o passar dos meses a "menina" V. vai apresentando as dificuldades de relacionamento e o quanto viveu/vive numa

---

2 Experiência física e simbólica de ser sustentado no colo, amado e desejado na relação inicial com a mãe. Segurar, acalentar, amamentar são condições essenciais para o processo de amadurecimento.

situação ambiental desfavorável. Numa sessão, retoma as duas situações vividas na infância, o caso do banheirinho e do garfo, como já descritas. Diz que parece haver uma desconexão com a mãe, pois que nada parece afetá-la.

Relembra algumas situações com o pai e diz que a presença dele a ofende. Tudo que agride e humilha, para ele é bom: "assim, fomos criados. É ruim ter um pai abusivo". Relata estar cansada do pai, da mãe, do irmão e de alguns amigos. Ultimamente, estava gostando de caminhar pelo cemitério, porque ali não tem gente. "A invisibilidade é minha ferida aberta. Toda vez que fui visível para o outro, ele foi agressivo." Sinto que V. comunicava estar morta.

Diante deste relato, infiro que V. sofrera dificuldades desde o seu desenvolvimento emocional primitivo, por viver num ambiente desfavorável. Quando aponta uma desconexão com sua mãe, parece não ter havido um vínculo que lhe permitisse viver uma relação fundante mãe/bebê, à qual Winnicott denomina de Preocupação Materna Primária. Também podemos supor que o pai não cumpriu o papel de sustentação para que a mãe pudesse se entregar à maternagem.

Para Winnicott (1988), o desenvolvimento emocional primitivo se inicia a partir dos vínculos e dos movimentos intersubjetivos que acontecem entre mãe e bebê, interligados no estágio inicial, quando os dois não podem ser tomados como indivíduos, mas como uma unidade mãe/bebê. A comunicação inicial entre mãe/bebê é silenciosa e o bebê tem que se sentir amado, protegido, precisando de um ambiente seguro para que suas necessidades sejam atendidas.

Para Dias (2017, p. 199) um aspecto especial desta relação silenciosa é o olhar da mãe. O que transparece no olhar da mãe é a sua própria visão do bebê e da satisfação que ali está contida. Em outros termos, a mãe está olhando para o bebê e seu rosto e olhar refletem o que ela vê, ou seja, a sua visão do bebê. Ser visto pelo olhar da mãe é uma das bases do sentimento de existir: "Quando olho, sou visto; logo existo" (1967/1975, p.157). Há, no entanto, o caso do bebê cuja mãe tem um olhar opaco, estando a mãe retida em seu próprio interior; neste caso, não é o bebê que está ali refletido, mas o próprio humor dela, ou, pior ainda, a rigidez de suas defesas.

Para Winnicott (1975), o bebê precisa ser visto pela mãe para sentir-se vivo. Do sentimento de ser, e do ser visto, surge o espaço potencial[3] que propicia o viver criativo e o brincar. Esta questão do olhar também tem uma importância na tarefa de alojamento da psique no corpo, porque no início do desenvolvimento emocional corpo e psique ainda não se reuniram e só irão constituir uma unidade se correr tudo bem no processo de amadurecimento. De acordo com Dias (2017, p.185), "A coesão psicossomática é uma realização, e não tem como estabelecer-se, a não ser que haja a participação ativa de um ser humano que segure o bebê e cuide dele, reunindo-o nos braços e no olhar. Um bebê que não é reunido pela mãe sente-se espalhado".

Winnicott (1988) chama a atenção para o fato de que uma provisão ambiental deve ser suficientemente boa na fase inicial para que o bebê comece a existir, a ter experiências, a constituir um ego pessoal, dominar as pulsões e enfrentar as dificuldades intrínsecas à vida. Tudo isto é sentido como real para o bebê, que se torna capaz de ter um *self*. Caso não haja uma provisão ambiental suficientemente boa, o começo da vida será desastroso e o *self*, para se resguardar, poderá erigir barreiras protetoras ou um *falso self*, como destaca o psicanalista britânico.

---

3 O espaço potencial entre o bebê e a mãe, entre a criança e a família, entre o indivíduo e a sociedade ou o mundo, depende da experiência que conduz à confiança. Pode ser visto como sagrado para o indivíduo, porque aí experimenta o viver criativo.

Segundo Dias (2017), em vários estados clínicos em que o paciente se queixa de não ter relação com o próprio corpo ou de sentir que seu corpo, integral ou parcialmente, não lhe pertence, há indícios de que houve falha no processo de coesão psicossomática e o processo de integração não foi alcançado, e se foi, pode ter sido perdido.

No caso de V., minha hipótese é que pode ter havido falha na coesão psicossomática, decorrente dos fracassos ambientais. Como ela mesma dizia, ela estava danificada, com raízes fracas, corpo apodrecendo e doente. Penso que a agonia experimentada por V., em alguns momentos, seja a mesma vivida pelo astronauta, no filme de Stanley Kubrick *2001 uma odisseia no espaço*, que flutua sozinho no espaço vazio, silente e sem fim, depois que o cordão umbilical com a nave espacial é cortado (OGDEN, 2016).

O desamparo de V. era vivido no *setting* analítico a cada sessão. O final de ano estava se aproximando e tive a preocupação de como V. iria vivenciar este período. Dias antes do Natal nos despedimos. Disse-me que iria passar o *réveillon* com os amigos e que estava animada com a ideia.

A visibilidade Verônica

Depois do período de recesso de final de ano, retomamos o processo. V. chega na sessão e diz que estava com saudades da vista da sala e da poltrona. É a primeira vez que V. externaliza algum sentimento em relação ao *setting*. À época, relata que nos últimos dias tinha acessado muitas coisas, pensando no que sente. Diz que isto gerou muitos conflitos. "É como se houvesse um buraquinho na parede, e não quero que ninguém tampe este buraquinho." Ouvi e não fiz nenhuma intervenção, somente o silêncio tomou conta do *setting*.

Durante os próximos dois meses, V. continuou oscilando

entre o estado de esperança e desesperança. Teve que trancar a universidade por não ter conseguido trabalho. Conta que foi uma decisão difícil. O relacionamento com o ex/atual namorado também não ia bem. Diz que estava desesperançada no meio da bagunça toda que era sua vida.

Todavia, V. parou de faltar às sessões, e, quando faltava, tinha o cuidado de avisar que não poderia ir, por estar doente ou por não ter dinheiro para pegar o ônibus. Depois de uma ausência, relata que não viera à sessão anterior, mas que ficara pensando na penúltima sessão: Quem sou eu? O que pretendo? E foi no fundo do poço. Depois veio um vazio por não ter R$3,80 para ir à sessão. "Já que não tinha nada, resolvi esmerilhar a última sessão". Rimos muito com o esmerilhamento das informações.

Começo a observar que V. estava fazendo uso do *setting* e do seu tempo de uma forma mais descontraída. Um dia chegou e disse-me: "Que bom que consegui vir. Um amigo emprestou um dinheiro para condução e fui fazer um teste de dança. Não passei e meu mundo caiu. Bem Maysa!!!". Demos risada.

Apesar de não ter passado na seleção, V. encarou bem o fracasso. Depois de alguns dias fez um outro teste e passou no Teatro Municipal para um curso de Ballet Contemporâneo que duraria o ano inteiro. A mãe brigou e disse que não iria dar um centavo para que fizesse o curso. Disse que deveria ir procurar trabalho. Todavia decidiu fazer matrícula e procurar trabalho à noite.

Nas primeiras aulas chegou ao consultório empolgada e dizendo que voltara à infância. Relata que havia uma garota no banheiro que fazia e refazia o coque porque não estava perfeito. Lembrou da infância: "me vi ali. Gosto do ambiente da dança". Comento com ela que Maurice Béjart via a dança como uma das raras atividades humanas em que o homem se encontra totalmente engajado: corpo, espírito e coração.

O *setting* analítico e o ambiente da dança estavam servindo para que V. começasse a experimentar estar numa relação com o outro e, nesta companhia, poderia falar de arte, música etc. Para Winnicott (1975, p. 80), na experiência de estar com o outro numa relação de confiabilidade e dependência está circunscrita a questão do brincar,[4] e para ele: "É no brincar, e somente no brincar, que o indivíduo, criança ou adulto, pode ser criativo e utilizar a personalidade integral: é somente sendo criativo que o indivíduo descobre o eu (*self*)". A experiência e segurança experimentada no *setting* estavam possibilitando à V. empreender a busca do *self*, ou seja, sentir-se real.

Tudo transcorria bem até sair o protocolo da apresentação: Invisibilidade e Visibilidade. V. chega à sessão agressiva. Relata que essa coisa do invisível vai mexer com ela e que não aguenta mais dançar e ficar engolindo o choro. Pergunto como é ser invisível? Responde que é se sentir uma "bosta". "Eu já me senti invisível. Uma coisa que me mata é o que a professora propõe: ficar pequeninho e se esconder. Eu não quero... Eu já faço isso." Pergunto como é isso de ficar pequenino? Ela deita no tapete da sala e realiza o movimento. É um movimento que lembra a posição fetal. Digo a ela:

– Me parece que você nunca existiu.

Ela olha para mim e diz que se sente invisível para a mãe, o pai e o irmão. E que não tem sentimento de pertencimento. Fica em silêncio, chora um pouco, e vai embora.

Até o presente momento, ela vinha experimentando na

---

4 Para Winnicott (1975, p. 79) a psicoterapia é efetuada na superposição de duas áreas lúdicas, a do paciente e a do terapeuta. Se o terapeuta não pode brincar, então ele não se adequa ao trabalho. Se o paciente que não pode, então algo precisa ser feito para ajudá-lo a tornar-se capaz de brincar, após o que a psicoterapia pode começar. O brincar é essencial porque o paciente manifesta a criatividade.

análise uma regressão gradual, mas agora começava a experienciá-la também na dança. Foram meses intensos em que Verônica transitou do céu ao inferno. Medos, inseguranças, agressividade e raiva passavam a fazer parte do *setting* analítico. Dizia que da invisibilidade tinha pós-doutorado e seria fácil, porém a visibilidade seria uma tormenta, porque nunca a acessara e isso a fazia lembrar da violência sexual.

Surgem dificuldades de toda ordem e ela não consegue ter intimidade com o chão. Diz não gostar e não saber dançar no chão. Sente raiva em muitos momentos da sua performance e questiona a performance do companheiro. Fica agressiva com os questionamentos da professora em relação à queda da qualidade técnica de seus movimentos. Foram águas revoltas. No final, tanto a professora quanto eu sobrevivemos aos seus ataques. Aliás, termos sobrevivido e permanecido sem retaliar V. é comparável ao círculo benigno vivido pelo bebê, de destruir e reparar, machucar e curar.

A data da apresentação se aproximava e V. chega com um convite para mim. Diz que ficaria muito feliz com minha presença. Agradeço e conversamos sobre todo o processo vivido durante os seis meses. Ela pede desculpas pelos momentos tensos, diz que estava muito feliz e que minha presença seria importante para ela. Não confirmo, porém no dia compareço à apresentação. No final, ela agradece minha presença.

Durante os próximos meses V. começa a se preocupar com os rumos de sua vida. Decide estudar para prestar vestibular numa universidade pública e começa a dar aulas particulares de inglês e se permite conhecer novos rapazes. Ela não passa no vestibular e não consegue emprego. O próximo ano se inicia e ela faz projetos de buscar um cursinho preparatório para o vestibular público.

Apesar das dificuldades por estar desempregada e dos ataques que continuam por parte da mãe e do pai, segue o curso da vida. Numa tarde chega na sessão feliz, dizendo que conheceu, via aplicativo, um rapaz que mora no velho continente. Durante alguns meses mantém contato com ele, apesar da insegurança e do medo. Recebe um convite para ir conhecê-lo e decide ir. Aproveita o ensejo e marca uma audiência em uma universidade para dança.

Numa tarde de sábado vem ao meu consultório para se despedir. A menina do início é, agora, uma mulher. Cabelos soltos e envolta numa *pashmina*, V. não parece a menina que chegou no consultório três anos atrás. Despede-se, agradece por tudo, me abraça e vai embora. Para Phillips (2017, p.171), o paciente, nos termos de Winnicott, sempre está tentando ir a algum lugar através do analista. Interpretações são o passaporte. No caso de V. o *holding* teve um papel essencial.

V. me convidou, desde o início, a viver com ela experiências primitivas. No início foi um pouco difícil perceber este lugar, mas aos poucos fui percebendo que ela se relacionava comigo como um objeto subjetivo,[5] solicitando uma mãe suficientemente boa. A opção pela técnica centrada no manejo, aliada à situação analítica e ao espaço físico do ambiente (*setting*), se tornou um ambiente de *holding* para atender as necessidades da paciente.

Ter criado o ambiente de *holding* foi importante, para que nesta relação V. pudesse expressar todo seu sofrimento e solidão e pudesse viver a experiência de confiabilidade e dependência, para com ela tornar-se mais potente e pudesse ir retomando os processos traumatogênicos congelados no tempo.

---

5 Objeto subjetivo é um conceito central na Teoria do Desenvolvimento Emocional Primitivo de Winnicott. É central porque se refere à experiência da realidade subjetiva. A realidade subjetiva é a condição para que o bebê no início da vida comece a ter alguma relação com objetos.

De acordo com Naffah Neto (2007) retomar estes processos serve para que o indivíduo abandone as organizações defensivas e abra espaço para a criatividade que elas encobrem. Considero que boa parte do tratamento de V. teve como objetivo promover a expressão e desenvolvimento do seu *self* a fim de ela "sentir-se real", tornando-se capaz de estabelecer uma distinção entre o eu e não eu.

Finalizando, o material clínico aponta para uma etiologia traumática anterior à integração espaço/ temporal em um eu unitário. Quando uma mãe não desenvolve o estado de Preocupação Materna Primária, não atendendo as necessidades especiais do bebê, isto será sentido por ele como falha severa, provocando uma ruptura na continuidade do ser. Essas falhas ambientais provocam agonias impensáveis como o despedaçamento e a perda da conexão com o corpo (LEJARRAGA, 2012). Verônica, quando chegou, estava despedaçada e precisava reunir os pedaços para retomar a continuidade de ser. Ao final, quando vem e se despede, parece estar pronta para experimentar a continuidade de ser novamente.

Referências bibliográficas

As grandes mudanças nascem de um ontem enganado...

FREUD, S. "Estudos sobre a histeria" (1893-1895). In: *Obras psicológicas completas de Sigmund Freud. Edição standard brasileira.* Rio de Janeiro: Imago, 1996, v. 2.

_____. "Resistência e repressão" (1917). Conferência XIX. Conferências Introdutórias Sobre Psicanálise. ESB, 2. ed., vol. XVI, 1987, p. 346.

_____. "Um estudo autobiográfico, inibições, sintomas e ansiedade" (1925). In: *Obras psicológicas completas de Sigmund Freud. Edição standard brasileira.* Rio de Janeiro: Imago, 1996, v. 20, pp. 79-168.

_____. "O recalque" (1915). In: *Obras psicológicas completas de Sigmund Freud. Edição standard brasileira.* Rio de Janeiro: Imago, 1996, v. 1, pp. 175-93.

_____. "O inconsciente" (1915). In: *Obras psicológicas completas de Sigmund Freud. Edição standard brasileira.* Rio de Janeiro: Imago, 1996, v. 2, pp. 13-74.

_____. "A negativa" (1925). In: *Obras psicológicas completas de Sigmund Freud. Edição standard brasileira.* Rio de Janeiro: Imago, 1996, v. 19, pp. 293-300.

_____. "Análise de uma fobia em um menino de cinco anos" (1909). In: *Obras psicológicas completas de Sigmund Freud. Edição standard brasileira.* Rio de Janeiro: Imago, 1996, v. 10, pp. 11-133.

_____. "Carta 71" (1897). In: *Obras psicológicas completas de Sigmund Freud. Edição standard brasileira.* Rio de Janeiro: Imago, 1996, v. 1, pp. 356-59.

_____. "A dissolução do complexo de Édipo" (1924). In: *Obras psicológicas completas de Sigmund Freud*. Edição standard brasileira. Rio de Janeiro: Imago, 1996, v. 19, pp. 189-99.

_____. "O ego e o id" (1923). In: *Obras psicológicas completas de Sigmund Freud*. Edição standard brasileira. Rio de Janeiro: Imago, 1996, v. 19, pp. 13-80.

_____. "Fragmento da análise de um caso de histeria" (1905). In: *Obras psicológicas completas de Sigmund Freud*. Edição standard brasileira. Rio de Janeiro: Imago, 1996, v. 7, pp. 13-166.

_____. "Luto e melancolia" (1917). In: *Obras psicológicas completas de Sigmund Freud*. Edição standard brasileira. Rio de Janeiro: Imago, 1996, v. 2, pp. 99-122.

GREEN, A. *Narcisismo de vida, narcisismo de morte* (tradução: C. Beliner). São Paulo: Escuta, 1988.

MENDES, E. D. *Da perda das ilusões à melancolia: um estudo psicanalítico em Balzac* (Unpublished doctoral dissertation). Universidade de Brasília, Brasília, 2013.

MOREIRA, A. C. G. *Clínica da melancolia*. São Paulo: Escuta/ Edufpa, 2002.

O escravo do cinemão

ABDO, C. (org). *Sexualidade humana e seus transtornos*. São Paulo: Lemos, 2000.

Associação Psiquiátrica Americana (APA). "DSM-V – Manual Diagnóstico e Estatístico de Transtornos Mentais". São Paulo: Artmed, 2014.

BULFINCH, T. *Livro de ouro da mitologia – história de deuses e heróis*. São Paulo: Ediouro, 2001.

CARNES & SCHNEIDER. *Recognition and management of addictive sexual disorder: guide for the primary care clinician*. Lippincotts Prim Care Pract, 2000.

CUNHA, J. A. *Dicionário de termos de psicanálise de Freud*. Porto Alegre: Globo, 1978.

DOSTOIÉVSKI, F. "A lenda do Grande Inquisidor". In: *Os Irmãos Karamázov*. São Paulo: Editora 34, SP, 2008.

ELIACHEFF, C. *Corpos que gritam – a psicanálise de bebês*. São Paulo: Ática, 1995.

EY; BERNARD; BRISSET. *Manual de psiquiatria*. São Paulo: Masson, 1978.

FENICHEL, O. *Teoria psicanalítica das neuroses – fundamentos e bases da doutrina psicanalítica*. São Paulo: Atheneu, 2001.

FREUD, S. *Obras psicológicas completas*. Rio de Janeiro: Imago, 1989.

G ABBARD, G. O. *Psiquiatria psicodinâmica*. Artmed, 1998.

KAPLAN & SADOCK. *Compêndio de psiquiatria*, Artes Médicas, 1993.

LAPLANCHE & PONTALIS. *Vocabulário da psicanálise*. São Paulo: Martins Fontes, 1998.

MANNONI, M. *A primeira entrevista em psicanálise* (prefácio de Françoise Dolto). Rio de Janeiro: Campus, 1981.

MCDOUGALL, J. *Em defesa de uma certa anormalidade – teoria e clínica psicanalítica*. Arte s Médicas, 1989.

MURPHY; COLEMAN; HAYNES. *Factors Related to Coercive Sexual Behavior in a Nonclinical Sample of Male-Violance Victmy*. Winter, 1986.

NÁSIO, J. D. *Como trabalha um psicanalista*. Rio de Janeiro: Zahar, 1999.

Organização Mundial da Saúde (OMS). "Código Internacional de Doenças", 10. edição. São Paulo: Edusp, 1993.

ORTEGA Y GASSET, J. *Obras completas*, vol. 1. Madri: Ed. Taurus/ Fundación José Ortega y Gasset, 2004, p. 717.

SACKS, O. *Um antropólogo em Marte*. São Paulo: Companhia das Letras, 2002.

SPITZ, R. A. *O primeiro ano de vida*. São Paulo: Martins Fontes, 1988.

SPUZA, A. S. *Novo dicionário latino-português*. Porto: Lello&Lello, 2019.

Sobre o fracasso do sintoma fóbico

BADIOU, Alain; RUDINESCO, Elisabeth. *Jacques Lacan, pasado, presente. Diálogos*. Buenos Aires: Edhasa, 2012.

DOR, Joel. *O pai e sua função em psicanálise*. Rio de Janeiro: Jorge Zahar Editor, 1991.

FREUD, Sigmund. "Obsessões e fobias: seu mecanismo psíquico e sua etiologia" (1894/95). In: In: *Obras psicológicas completas de Sigmund Freud.*

Edição standard brasileira. Rio de Janeiro: Imago, 1986, vol. 3.

LACAN, Jacques. *Os complexos familiares*. Rio de Janeiro: Jorge Zahar Editor, 2002.

MOREL, Geneviève. *La ley de la Madre. Ensayo sobre el Sinthome Sexual*. Chile: FCE, 2012.

WINTER, Jean-Pierre. *Os errantes da carne. Estudos sobre a histeria masculina*. Rio de Janeiro: Companhia de Freud, 2001.

YAFAR, Raúl A. *Interrelaciones entre las fobias y la perversión*. Ciclo de Conferencias "El Psicoanálisis hoy". Hospital de Emergencias Psiquiátricas Dr. Torcuato de Alvear. Buenos Aires: PsicoMundo, 2002.

ZAFIROPOULOS, Markos. *Lacan e Lévi-Strauss (ou o retorno a Freud, 1951-1957)*. Rio de Janeiro: Civilização Brasileira, 2018.

Entre farturas e securas: o trânsito abismal dos transtornos alimentares

KEHL, Maria Rita. "Texto: Com que corpo eu vou?". *Folha de S.Paulo*, São Paulo, domingo, 30 jun. 2002. Mais!

_____ . *O Tempo e o Cão, a atualidade das depressões*. São Paulo: Boitempo, 2015.

GOLDENBERG, Mirian (org.). *Nu e vestido*. Rio de Janeiro, Record.

GURFINKEL, Decio. *Adicções, paixão e vício*. Casa do Psicólogo. Cap. 9 (A comilança: uma paixão oral)

LACAN, J. *Escritos*. Rio de Janeiro: Zahar.

AULAGNIER, P. *Um intérprete em busca de si mesmo*. Vol. II – Escuta.

NASIO, J. D. *Meu corpo e suas imagens*. Rio de Janeiro: Zahar.

LECLAIRE, Serge. *O corpo erógeno*. Escuta .

A paciente bem acolhida e sua pulsão de vida

FERENCZI, S. (1908). "Do alcance da ejaculação precoce". In: *Obras Completas*, vol. 1. São Paulo: WMF Martins Fontes, 2011.

_____ . (1927). "A adaptação da família à criança". In: *Obras Completas*, vol. 4. São Paulo: WMF Martins Fontes, 2011.

_____ . (1929). "A criança mal acolhida e sua pulsão de morte". In: *Obras Completas*, vol. 4. São Paulo: WMF Martins Fontes, 2011.

_____ . (1932). *O diário clínico. Sandor Ferenczi*. São Paulo: Martins Fontes, 1990.

_____ . (1933). "Confusão de línguas entre os adultos e a criança". In: *Obras Completas*, vol. 4. São Paulo: WMF Martins Fontes, 2011.

FREUD, S. (1920). "Além do princípio do prazer". In: *Obras Psicológicas Completas de Sigmund Freud*, vol. 18. Rio de Janeiro: Imago, 1982.

_____ . (1926). "Inibição, sintoma e angústia". In: *Obras Psicológicas Completas de Sigmund Freud*, vol. 17. São Paulo: Companhia das Letras, 2014.

_____ . (1934). "Reflexões sobre o trauma". In: *Obras Completas*, vol. 4. São Paulo: WMF Martins Fontes, 2011.

O primeiro encontro com a análise

BLEGER, José. Temas de Psicologia: Entrevista e Grupos , São Paulo: WMF Martins Fontes; 4° Edição, 2011

FERENCZI, Sandor, *A adaptação da família à criança*. São Paulo: Martins Fontes, 2011

_____. *Análise de crianças com adultos*. São Paulo: Martins Fontes, 2011.

FREUD, Sigmund. "Além do princípio do prazer" (1920). In: *Obras completas*. São Paulo: Companhia das Letras, 2010.

_____. "A transitoriedade" (1916). In: *Obras completas*. São Paulo: Companhia das Letras, 2010.

_____. "O início do tratamento" (1913). In: *Obras completas*. São Paulo: Companhia das Letras, 2010.

_____. "Princípios básicos da psicanálise" (1913). In: *Obras completas*. São Paulo: Companhia das Letras, 2010.

HUXLEY, Aldous. *Também o cisne morre*. São Paulo: Globo, 2014.

KAHTUNI, Haydée Christine. *Dicionário do pensamento de Sandor Ferenczi: uma contribuição à clínica psicanalítica contemporânea*.

KOHUT, Heinz. *Analysis of the Self*. University of Chicago Press, 2009.

ROUDINESCO, Elizabeth. *Sigmund Freud – En su tiempo y en el nuestro*. Debate, 2015.

SCHOPENHAUER, Arthur. *As dores do mundo* (1951). Edição de Organizações Simões.

A invisibilidade e visibilidade de Verônica

DIAS, Elsa Oliveira. *A teoria do amadurecimento de D.W. Winnicott*. São Paulo: DWW Editorial, 2017

FERREIRA, Afrânio de Matos. "Descobri que posso sorrir". In: OUTEIRA, José; HISADA, Sueli; GABRIADES, Rita (coord.). *Winnicott: Seminários Paulistas*. São Paulo: Casa do Psicólogo, 2001.

LEJARRAGA, Ana Lila. *O amor em Winnicott*. Rio de Janeiro: Garamond, 2012.

NAFFAH NETO, A. "A noção de experiência no pensamento de Winnicott como conceito diferencial na história da psicanálise". *Revista de Filosofia e Psicanálise Natureza Humana*, 9 (2), 2007.

OGDEN, T. H. "O medo do colapso e a vida não vivida". *Livro Anual de Psicanálise*, 2016, Tomo XXX-1.

PHILLIPS, Adam. *Winnicott*. Aparecida, SP: Ideias e Letras, 2017.

SAFRA, Gilberto. *A face estética do self: teoria e clínica*. Aparecida, SP: Ideias e Letras: São Paulo: Unimarcos Editora, 2005.

WINNICOTT, D. W. *O brincar e a realidade*. Rio de Janeiro: Imago, 1975.

_____. "A preocupação materna primária". In: WINNICOTT, D. W. *Pediatria à Psicanálise: obras escolhidas*. Rio de Janeiro: Francisco Alves, 1988.

_____. "As bases para o self no corpo". In: WINNICOTT, C. (org.). *Explorações psicanalíticas*. Porto Alegre: Artes Médicas, 1994.

_____. Aspectos Clínicos e Metapsicológicos da Regressão no Contexto Analítico. In: WINNICOTT, D. W. *Da Pediatria à Psicanálise: obras escolhidas*. Rio de Janeiro: Francisco Alves, 1988.

_____. "Formas clínicas de transferência". In: WINNICOTT, D. W. *Pediatria à psicanálise: obras escolhidas*. Rio de Janeiro: Francisco Alves, 1988.

_____. "O papel de espelho da mãe e da família no desenvolvimento infantil". In: WINNICOTT, D.W. *O brincar e a realidade*. Rio de Janeiro: Imago, 1975.

Autores e autoras

SILVANA MARTANI

Psicóloga e psicanalista com formação no Centro de Estudos Psicanalíticos (CEP) e especialização em Psicologia Clínica e Hospitalar no Centro de Estudos em Psicologia da Saúde (CEPSIC), do HCFM-USP.

Psicóloga clínica e hospitalar da Clínica de Endocrinologia e Metabologia do Hospital Beneficência Portuguesa de São Paulo, promovendo o atendimento psicoterápico e acompanhamento de pacientes ambulatoriais e internados com transtornos alimentares, distúrbios glandulares, diabetes e traumas.

Docente do Centro de Estudos Psicanalíticos (CEP).

Consultório particular.

É autora de diversos artigos publicados na mídia impressa e digital e das seguintes publicações:

Manual Teen. Rio de Janeiro: Wak Editora, 2008. (Organização e autoria dos capítulos 1, 12 e 17)

Uma viagem pela puberdade e adolescência. São Paulo: Editora Aldeia Cultural, 2007. (Organização e autoria dos capítulos 1, 9 e 15)

SÉRGIO MASCOLI

Psicólogo formado pela Faculdade Paulistana, graduando em filosofia pelo Claretiano Faculdades, mestre em psicologia pela Universidade São Marcos, psicanalista pelo Centro de Estudos Psicanalíticos (CEP), sexólogo pela Faculdade de Medicina da USP (FM-USP) e formado para o magistério superior pela Universidade Paulista. Atua como coordenador, supervisor e professor no curso de Formação em Psicanálise no CEP, como professor universitário e como analista e supervisor em clínica privada.

ARNALDO DOMÍNGUEZ DE OLIVEIRA
Psicanalista graduado em ciências médicas pela Universidad Nacional de Córdoba. Geriatria, no HCFM-USP e gerontologia social, pelo Instituto Sedes Sapientiae. Docente do Curso de Formação em Psicanálise do Centro de Estudos Psicanalíticos de São Paulo. Consultório Particular. Nascido em 1956 na região patagônica da Argentina, reside no Brasil desde março de 1982.

SILVIA MARINA MENDONÇA PRADO DE MELO
Psicanalista, psicóloga, supervisora clínica, analista institucional, com formação e experiência em psicossomática psicanalítica e em especificidades da clínica da drogadependência.

Docente do Curso de Formação em Psicanálise do Centro de Estudos Psicanalíticos (CEP). Autora de vários artigos, editora técnica do livro *A supervisão na clínica psicanalítica* organizado Ernesto Duvidovich e Ricardo Goldenberg pela Via Letera e coautora de *Diálogos sobre a transmissão e formação em psicanálise*, pela Editora Zagodoni.

HERCÍLIO P. OLIVEIRA JUNIOR
Médico psiquiatra, especialista pelo Centre for Addictions and Mental Health, Canadá, mestre e doutor em psiquiatria pela Faculdade de Medicina da Universidade de São Paulo.

CARINA BRAGA
Psicanalista, docente no Curso de Formação em Psicanálise e supervisora no Núcleo de Psicanálise em Instituições do CEP (Centro

de Estudos Psicanalíticos). Membro do Grupo Brasileiro de Pesquisas Sándor Ferenczi e do NuPAS (Núcleo de Psicanálise e Ação Social).

EDUARDO AMARAL LYRA NETO
Psicanalista formado pelo Centro de Estudos Psicanalíticos, em São Paulo. Nascido em 1970, em Campinas, SP.

VICTOR AUGUSTO BAUER
Possui graduação em psicologia pelo Centro Universitário das Faculdades Metropolitanas Unidas (2011) e mestrado em saúde coletiva pela Universidade Estadual Paulista Júlio de Mesquita Filho (2014). Tem experiência como professor universitário na área de psicologia e educação, com ênfase na psicanálise de Freud e Lacan. Trabalha atualmente como psicanalista.

TADEU DOS SANTOS
Graduado em educação física pela UMC, pedagogia pela FFLCP--SP, psicopedagogo pela PUC-SP, mestre em Supervisão e Currículo pela PUC-SP, doutorado em ciências da religião pela UMESP-SP. Formação em psicanálise pelo CEP-SP. Atualmente atua como Professor na UNIP-SP e na clínica de psicanálise em São Paulo.

© Humanaletra, 2019.
© Silvana Martani, organizadora 2019.

Edição: José Carlos Honório
Revisão de textos: Carmen T. S. Costa
Capa: A2 / Mika Matsuzake
Projeto gráfico: A2
Paginação: A2
Imagem da capa: Cassiano

Nesta edição respeitou-se o novo Acordo
Ortográfico da Língua Portuguesa.

Dados Internacionais de Catalogação na Publicação (CIP)
(Câmara Brasileira do Livro, SP, Brasil)

Martani, Silvana
Sonhos privados : psicanálise e escuta contemporânea /
Silvana Martani. -- São Paulo : Editora Humana Letra, 2019.

ISBN 978-85-53065-06-6

1. Psicologia 2. Psicoterapeuta e paciente
3. Relatos I. Título.

19-31126   CDD-150.195

Índices para catálogo sistemático:
1. Psicoterapeuta e paciente : Relação clínica :
Psicologia 150.195
Cibele Maria Dias - Bibliotecária - CRB-8/9427

2019
Todos os direitos desta edição reservados
à Humanaletra.
Rua Ingaí,156, sala 2011 – Vila Prudente
São Paulo – SP Cep: 03132-080
TEl: (11) 2924-0825

Fonte: Berkeley Oldstyle
Papel: Chambril Avena LD soft 90g
Gráfica: BARTIRA